SEMIÓTICA FRANCESA

Manual de teoria e prática

Conselho Acadêmico
Ataliba Teixeira de Castilho
Carlos Eduardo Lins da Silva
Carlos Fico
Jaime Cordeiro
José Luiz Fiorin
Tania Regina de Luca

Proibida a reprodução total ou parcial em qualquer mídia
sem a autorização escrita da editora.
Os infratores estão sujeitos às penas da lei.

A Editora não é responsável pelo conteúdo deste livro.
Os Autores conhecem os fatos narrados, pelos quais são responsáveis,
assim como se responsabilizam pelos juízos emitidos.

Consulte nosso catálogo completo e últimos lançamentos em **www.editoracontexto.com.br**.

SEMIÓTICA FRANCESA

Manual de teoria e prática

Leda Tenório da Motta
Marco Calil

editora**contexto**

Copyright © 2024 dos Autores

Todos os direitos desta edição reservados à
Editora Contexto (Editora Pinsky Ltda.)

Montagem de capa e diagramação
Gustavo S. Vilas Boas

Preparação de textos
Dos autores

Revisão
Lilian Aquino

Dados Internacionais de Catalogação na Publicação (CIP)

Motta, Leda Tenório da
Semiótica francesa : manual de teoria e prática /
Leda Tenório da Motta e Marco Calil. – 1. ed. –
São Paulo : Contexto, 2025.
128 p.

Bibliografia
ISBN 978-65-5541-635-0

1. Semiótica francesa 2. Linguística I. Título II. Calil, Marco

24-5811   CDD 401.41

Angélica Ilacqua – Bibliotecária – CRB-8/7057

Índice para catálogo sistemático:
1. Semiótica

2025

EDITORA CONTEXTO
Diretor editorial: *Jaime Pinsky*

Rua Dr. José Elias, 520 – Alto da Lapa
05083-030 – São Paulo – SP
PABX: (11) 3832 5838
contato@editoracontexto.com.br
www.editoracontexto.com.br

Sumário

APRESENTAÇÃO, 7

INTRODUÇÃO, 13

JULIA KRISTEVA, 35

ROLAND BARTHES, 57

JACQUES DERRIDA, 77

CONCLUSÃO, 101

Respostas, 107
Notas, 119
Os autores, 125

Apresentação

Este manual tem como objetivo expor a teoria e exercitar os estudos em Semiótica Francesa, em especial suas fontes pós-estruturalistas. Na sequência das ideias introduzidas por Ferdinand de Saussure e suas releituras francesas, autores como Jacques Derrida, Roland Barthes e Julia Kristeva contribuíram para a análise de fenômenos de significação e sentido. O estudo da Semiótica Francesa, aqui especificada por Pós-Estruturalista, oferece um ferramental sofisticado às complexidades dos sistemas de signos, incentivando uma atenção aguda, refinada e criativa. Além disso, a erudição e até extravagância desses semioticistas serve como contrapeso à natureza cada vez mais superficial do discurso intelectual, destacando a importância do estilo, notadamente na comunicação científica e na escrita acadêmica. Ao introduzir alguns dos nomes, ideias e metodologias da Semiótica Francesa Pós-Estruturalista, este manual deve inspirar a apreciação e investigação das contribuições desses autores.

Como adianta o Sumário, o manual organiza-se em capítulos dedicados a três semioticistas: Julia Kristeva, Roland Barthes e Jacques Derrida, respectivamente. A estrutura de cada capítulo segue uma lógica que visa introduzir a vida e a obra dos autores. Cada capítulo está organizado da seguinte forma:

- **Biografia:** Fornece um panorama da vida do autor, destacando os momentos e as influências que o formaram.
- **Bibliografia:** Aqui não se trata de uma bibliografia anotada, mas de uma seleção de textos nossa. Tais textos não pretendem refletir toda a recepção

crítica e acadêmica de cada autor, no Brasil e no mundo. Optamos por ressaltar facetas menos exploradas de Kristeva, Barthes e Derrida, ainda assim relevantes para os Estudos dos Signos.

- **Conceitos-chave:** Aqui são desenvolvidas ideias selecionadas em Semiótica.
- **Exercícios:** Têm a dupla função de instanciar as discussões teóricas apresentadas, permitindo ao leitor aplicar os conceitos, além de avançar aspectos da bibliografia dos autores que, pela brevidade do gênero manual, não foram completamente explorados.
- **Para saber mais:** Oferece sugestões de leituras complementares, incluindo obras em francês que ainda não foram traduzidas, estimulando o interesse pelo estudo das fontes originais e da língua francesa.
- **Referências:** Listam as fontes citadas, direta ou indiretamente. Quando não há referências específicas para traduções em português ao final de cada capítulo, as traduções dos textos citados são dos próprios autores.

Objetivamos como público específico deste manual graduandos e pós-graduandos em Letras, Linguística, Comunicação e Artes. Ele pode servir a cursos de Letras, Filosofia e Comunicação, nas disciplinas de Linguística, Semiótica e Filosofia da Linguagem, incluindo interesses multidisciplinares em voga, como Estudos de Gênero, Estudos Queer e Decolonialidade. Seu conteúdo é acessível a quem deseja explorar Kristeva, Barthes e Derrida, sendo útil para interessados em fenômenos de significação e sentido.

Ao evitar jargões e apresentar exercícios, o livro atende a iniciantes que estudem sobre o tema, mas pode servir a leitores mais avançados para fins de consulta. Sabemos que autores de linhagem pós-estruturalista são conhecidos como difíceis, obscuros e enigmáticos. Se o gênero manual busca remediar isso momentaneamente, esperamos, porém, que os interessados em Semiótica Francesa, especialmente na corrente Pós-Estruturalista, recebam essa dificuldade em suas leituras futuras, acostumando-se a ela e até, por que não?, praticando-a dentro de fora da academia.

Em resumo, este livro busca oferecer uma introdução acessível à Semiótica Francesa Pós-Estruturalista, com ênfase em Julia Kristeva, Roland Barthes e Jacques Derrida. O manual propõe não apenas expor os conceitos de cada autor que julgamos importantes, mas também instigar o leitor a aplicar essas ideias, em exercícios práticos, fossem eles questões alternativas ou dissertativas. Ao incluir referências ainda não traduzidas e sugestões de leituras complementares, pretendemos estimular o estudo das fontes originais e o aprofundamento naquelas já traduzidas ao português. Esperamos que nosso manual de teoria e prática seja uma publicação valiosa para estudantes de grau superior e, quem sabe, para um público mais amplo no mercado editorial, interessado em Comunicação e Semiótica.

* * *

APRESENTAÇÃO

Este livro é produto de pesquisa de Pós-Graduação em Comunicação e Semiótica na Pontifícia Universidade Católica de São Paulo (COS-PUC-SP). O manual deriva dos trabalhos do grupo de pesquisa *Palavra e Imagem em Pensamento* (CNPq); de bolsa de Doutorado pela chamada CNPq no 07/2022 - Apoio à Pesquisa Científica, Tecnológica e de Inovação, Ciclo 2022, processo 404142/2022-2, área 1. *Diversidade sócio-econômico-étnico-cultural, de gênero, empresarial e organizacional,* e de bolsa de produtividade em pesquisa CNPq, *A Filosofia da Significação em Roland Barthes: uma hermenêutica à luz de Sartre,* processo 303452/2021-8.

Introdução

DEFINIÇÃO DE SEMIÓTICA FRANCESA PÓS-ESTRUTURALISTA

Com o título *Semiótica Francesa: manual de teoria e prática*, nosso livro especifica uma das correntes da Semiótica Francesa, a bem saber, a Semiótica Francesa Pós-Estruturalista. Se mencionaremos importantes nomes do Estruturalismo em Semiótica, eles ingressam indiretamente como contexto aos três semioticistas pós-estruturais selecionados neste manual. Isso posto, é preciso definir nosso objeto, notadamente em relação ao que seria uma Semiótica Estruturalista, bem como à Semiologia, cunhada por Ferdinand de Saussure. Com isso, poderemos avançar em nossa seleção de autores e seus conceitos-chave.

Em linhas muito gerais, o que categoricamente chamamos de "Semiótica Francesa Pós-Estruturalista" refere-se a um conjunto de disposições teóricas surgido na França nos anos 1950, no meio das quais selecionaremos os nomes de Julia Kristeva, Roland Barthes e Jacques Derrida. Elas também acabaram conhecidas sob outros títulos igualmente genéricos, tendo sido mais ou menos identificadas com a Virada Semiológica, o Giro Linguístico e até com a própria Desconstrução, embora esta última só compreenda Derrida, e não Barthes e Kristeva. Não obstante tais cuidados terminológicos, pode-se dizer que a Semiótica Francesa Pós-Estruturalista desafia globalmente a ideia de significados fixos e enfatiza o papel dos signos na formação de textos, objetos de arte, ciências ou agrupamentos humanos e não humanos. Assim, o significado é visto como fluido e frágil, dependendo tanto do contexto em que está situado quanto de processos de retextualização ou desconstrução a que possa ser submetido. Tal conjunto de ideias teve impacto em diversos campos da vida intelectual e acadêmica recente, incluindo Teoria Literária, Estudos Culturais e Filosofia; ademais, é preciso notar que os recentes Estudos de Gênero e Decolonialidade devem em muito seu ferramental teórico-metodológico a procedimentos de origem em Kristeva, Barthes e, sobretudo, Derrida.[1]

Como um ramo da Lógica e da Filosofia da Linguagem, a Semiótica na Europa, no final do século XIX e início do século XX, foi alimentada por um interesse em entender como o significado é criado e transmitido por meio de símbolos e signos em várias formas de comunicação, humana ou não. A tradição anglófona, com estudiosos como Charles Sanders Peirce e Lady Victoria Welby, lançou as bases para a Semiótica ao explorar a relação entre signos, objetos e interpretação. A tradição russa, com autores como Yuri Lotman, Mikhail Bakhtin e Roman Jakobson, enfatizou a maneira como diálogo, contexto e códigos informam os signos. Essas influências culminaram no desenvolvimento da Semiótica Francesa Pós-Estruturalista, que redefiniu fronteiras e desafiou noções de linguagem e verdade no pensamento da Europa Ocidental. Recentes desenvolvimentos na Semiótica afastam-se das tendências logicistas, textualistas, culturalistas e até pós-estruturalistas, dedicando-se às Ciências Naturais e Exatas, munidas de seus ferramentais empíricos e tecnológicos.[2]

A Semiótica Francesa Pós-Estruturalista pode ser rastreada até o trabalho do linguista suíço Ferdinand de Saussure, sob o nome de Semiologia, depois renomeada como Semiótica. Em seu *Curso de Linguística Geral*, Saussure (2021) argumentou que a linguagem é um sistema de diferenças, nos quais o sentido é criado por relações entre signos, e não suas propriedades inerentes. Essa ideia lançou as bases para pensadores pós-estruturalistas como Jacques Derrida, Roland Barthes e Julia Kristeva, que desenvolveram ainda mais o conceito de linguagem como um sistema interrelacional, e por isso instável, dinâmico, logo passível de colapso. Essa posição teórico-metodológica não pressupunha a linguagem como fixa e objetiva, como queriam a Lógica e certas Filosofias da Linguagem.[3]

Após Saussure, temos uma segunda contribuição com Louis Hjelmslev. Em *Prolegômenos a uma teoria da linguagem*, Hjelmslev (2016) expandiu as ideias de Saussure introduzindo o conceito de metalinguagem ou Metassemiologia, isto é, uma plataforma de signos usada para descrever outra, uma Semiologia da Semiologia. Tal conceito de metalinguagem abriu caminho para uma maior exploração das camadas autorreferenciais de significado nos sistemas de signos. O trabalho de Hjelmslev foi caracterizado por seu alto nível de abstração e formalismo, enfatizando o teórico sobre o empírico ao focar nas relações entre os signos, não em seu uso prático.

Essa abordagem abstrata e formalista influenciou os semioticistas pós-estruturalistas, que partiram das ideias de Saussure e Hjelmslev, desenvolvendo um intrincado estilo de análise. Ao considerar os aspectos abstratos e metalinguísticos da Semiótica, eles foram capazes de alcançar um grau de sofisticação intelectual que culminaria por exemplo na Desconstrução derridiana e nos cursos finais barthesianos, que se podem chamar de Semiótica Negativa ou até Não Semiótica. Esse aspecto negativo refere-se à postura que o Pós-Estruturalismo assume em relação a significados fixos e descrições estáveis, constantemente desconstruindo e questionando tanto os fundamentos dos sistemas de signos quanto suas próprias metodologias de análise.

Como o nome indica, a Semiótica Francesa Pós-Estruturalista viria na sequência do Estruturalismo, o que explica seu prefixo "pós-", apesar de seus autores sempre terem questionado ou complicado tal filiação. Isso tem a ver com os primórdios do Estruturalismo na França, nas pessoas de Claude Lévi-Strauss, Roman Jakobson e Algirdas Greimas. Esses acadêmicos dedicaram-se a estruturas e sistemas na Antropologia, Linguística e Semântica, cada qual gerando modelos semiológicos aplicados que Kristeva, Barthes e Derrida por princípio recusaram. Não nos aprofundaremos, porém, no debate sobre a distinção precisa entre Estruturalismo e Pós-Estruturalismo; basta dizer, de forma esquemática, que a diferença entre ambos está na medida em que o benefício da dúvida é levado às suas últimas consequências, como ficará claro com os exercícios neste manual. Embora o Estruturalismo não estenda totalmente esse ceticismo, o Pós-Estruturalismo o faz.[4]

Se os estruturalistas se alinham com a imagem de Saussure do *Curso de Linguística Geral*, no melhor da Filologia europeia moderna, os Pós-Estruturalistas alinham-se com a imagem de Saussure dos *Anagramas* (Starobinski, 1974), aí estudioso dos obscuros versos saturninos, nos quais o sentido se perde em signos em rotação. Por um lado, a primeira imagem apresenta Saussure como um pensador sistemático e classificador lançando bases para a análise estrutural, concentrado nos aspectos estáveis, positivos e significantes da linguagem. Por outro lado, a segunda imagem apresenta Saussure como alguém que explorou a natureza lúdica, fragmentada e instável da significação, enfatizando suas ambiguidades e contradições inerentes, negatividade esta com que os pós-estruturalistas passam a operar.[5]

De fato, a relação entre os autores do Pós-Estruturalismo, Semiologia e Estruturalismo é marcada por um complexo de continuidade e ruptura. Derrida, Barthes e Kristeva, embora frequentemente associados ao Estruturalismo, mantiveram uma postura ambígua em relação a essa corrente, com suas ideias de signos em constante reformulação. Suas obras, ao mesmo tempo em que dialogam com os fundamentos da Semiótica e das Análises Estruturais, distanciam-se do descritivismo analítico destas últimas, acolhendo a vagueza e o contrassenso nos signos. Tal dinâmica reflete o caráter diversificado dessa corrente de pensamento, que, ao longo do tempo, abrigou autores com diferentes perspectivas e metodologias, como Michel Foucault, Jacques Lacan, Gilles Deleuze, entre outros.

SEMIOTICISTAS-CHAVE: KRISTEVA, BARTHES E DERRIDA

Por uma questão de escopo, afinidades eletivas e repertório pessoal, voltaremos nossa atenção somente para três semioticistas pós-estruturalistas, a saber, Julia Kristeva, Roland Barthes e Jacques Derrida. Esses nomes podem ser justificados como figuras teóricas centrais na Semiótica Francesa Pós-Estruturalista devido às suas contribuições no desenvolvimento e na expansão da linhagem semiológica europeia.

Julia Kristeva introduziu o conceito de intertextualidade, enfatizando a conexão entre textos e a fluidez do significado em diferentes discursos. Com sua ativa apresentação e apreciação de fontes eslavas, soviéticas e asiáticas à França, seu trabalho sobre as dimensões semióticas e simbólicas da linguagem desafiou as noções tradicionais de significado fixo e destacou a natureza processual da significação. Tamanho é o peso de Kristeva para a cena intelectual francesa que, em 2021, a autora foi condecorada com a medalha da Legião de Honra pelo então presidente francês Emmanuel Macron.[6]

INTRODUÇÃO

Roland Barthes iniciou-se na análise semiótica com sua exploração de mitos, situações cotidianas e Literatura. Já nos anos 1950, antes mesmo de Derrida, o conceito barthesiano de mitologia do signo e sua semiologia semioclástica inauguraram a corrente de desconstrução dos códigos culturais franceses, revelando os fundamentos ideológicos de signos aparentemente naturais. A mudança de Barthes das perspectivas estruturalistas às pós-estruturalistas exemplifica a transição para uma abordagem mais negativa em Semiótica. Com o apoio de Michel Foucault para assumir a cadeira no Collège de France, onde lecionou até morrer, Barthes atingiu um estilo semiológico singular, entre o científico e o lírico, segundo o qual a pesquisa de ensino superior se converte em arte.[7]

Jacques Derrida agitou o campo dos Estudos de Signos com seus escritos inovadores. Onde tivesse sido adotado, o conceito de Desconstrução reconfigurou as teorias linguísticas e semióticas ao problematizar a estabilidade e a coerência do sentido. A crítica de Derrida às oposições binárias e sua ênfase na *différance,* o adiamento interminável do sentido em retextualização, favorecia jogos de significantes e de significados, em um estilo todo próprio, de deliberada obscuridade. Sua abordagem desconstrutiva forneceu ferramentas poderosas para ler e reler textos, dos mais clássicos aos mais contemporâneos.[8]

Juntos, Kristeva, Barthes e Derrida quiseram reconfigurar a Semiologia, indo além do estilo sistêmico do Estruturalismo, oriundo de métodos formais. Suas contribuições deixaram uma marca no campo, tornando-os figuras-chave na história da Semiótica. Romper com o Estruturalismo significava em parte romper com um projeto científico derivado da Lógica e da Filosofia da Linguagem modernas. Em linhas gerais, o Estruturalismo visava a uma interpretação semiótica culminando em sistemas, modelos e previsibilidade. Essa abordagem tinha forte influência do positivismo lógico e das teorias linguísticas neocartesianas, que buscavam estabelecer relações mais ou menos inequívocas entre significantes e significados.

O Pós-Estruturalismo, no entanto, rejeita essa noção de significados sistêmicos e sequer determináveis. Em vez disso, atenta para a ideia de que o significado talvez seja inerentemente instável, indeterminado e sempre passível de ressignificação, ou mesmo de negação. Essa mudança de paradigma permite uma compreensão mais sutil e dinâmica dos textos, que reconhece as complexidades inerentes à linguagem e à comunicação. Ao fazerem isso, semioticistas pós-estruturalistas como Kristeva, Barthes e Derrida abriram novos caminhos para compreender a natureza polissêmica dos sistemas de signos.

IMPORTÂNCIA DA SEMIÓTICA FRANCESA PÓS-ESTRUTURALISTA

Há para nós dois argumentos que justificam a importância de se estudar Semiótica Francesa, que aqui especificamos por Pós-Estruturalista. Um é básico e intelectual, caindo no escopo da ciência e da crítica; o outro é pouco óbvio e mais prático, caindo no escopo do estilo e da cultura letrada.

INTRODUÇÃO

Em primeiro lugar, estudar a Semiótica Francesa Pós-Estruturalista é importante para refinar o entendimento da linguagem e da significação. A partir do trabalho de Kristeva, Barthes e Derrida, podem-se obter informações valiosas sobre como a linguagem forma e informa nossa compreensão do sentido. Suas ideias desafiam as noções de verdade e estabilidade, encorajando-nos a contemplar os processos que estruturam nossa comunicação. No mundo acelerado e saturado de informações de hoje, a capacidade de interromper o sentido e desconstruir signos é estratégica, pois é capaz de deter os movimentos do Significado e impedir que os signos atuem em moto-perpétuo: desarmar o Sentido significa impedir a discriminação inerente dos signos, fossem eles progressistas ou regressistas, ideológicos ou filosóficos. A Semiótica Francesa Pós-Estruturalista oferece um quadro único para tratar disso, fornecendo uma perspectiva rica de repertório e nuances teóricos.

Em segundo lugar, o estilo difícil e erudito de Kristeva, Barthes e Derrida é um mérito significativo à escrita acadêmico-científica não padrão por eles praticada, bem como para o discurso intelectual mais amplo. Em tempos nos quais a vida intelectual é hiperburocratizada, em que intelectuais públicos muitas vezes priorizam a acessibilidade em detrimento da sofisticação, com as plataformas de mídia social incentivando o engajamento superficial, a prosa densa e desafiadora desses semioticistas oferece um contrapeso refrescante. Sua escrita intrincada e detalhista exige um nível de engajamento que resista aos efeitos de achatamento da comunicação de massa ou em redes e à repetição de ideias feitas, dentro e fora da universidade.

O valor de um estilo tão exigente reside em sua capacidade de fomentar uma prosa de arte ao que se chama vulgarmente de "pensamento". Ao lidar com seus textos, nossos semioticistas são compelidos a se envolver em uma análise mais extravagante, que pode levar a *insights* mais preciosos que qualquer trabalho de natureza oficial e especializada. A assinatura da escrita de Kristeva, Barthes e Derrida serve para reafirmar a importância do estilo tanto no conceito quanto na expressão. Em uma época em que a comunicação clara e concisa é valorizada acima de tudo, sua prosa elaborada recorda-nos que a forma da expressão é tão significativa quanto seu conteúdo. As escolhas estilísticas desses semioticistas não são mera ornamentação, mas parte integrante da substância de seus argumentos, demonstrando como ideias complexas requerem modos complexos de articulação.[9]

É óbvio que, como escrevemos um manual de teoria e prática, não podemos senão sugerir de passagem os méritos de nossos argumentos. O leitor não encontrará aqui nem o relato mais completo da fortuna crítica dos autores nem um manifesto por um outro estilo intelectual. Aconselha-se, e até requer-se, mais leitura, inclusive em francês, com as referências servindo de guia. Esperamos que este manual reviva e expanda o interesse por Kristeva, Barthes e Derrida a um público mais amplo, apesar de suas dificuldades inerentes, já que os três não são, é bem sabido, uma leitura fácil. Leda Tenório da Motta, como ex-orientanda de Kristeva e aluna de Barthes; Marco Calil, como orientando de Leda Tenório da Motta; nós dois como leitores de Derrida, somos o testemunho histórico do encontro intergeracional e da regeneração bibliográfica; o gênero manual, com sua natureza sumária e explicativa, pretende dar continuidade à reprodução das gerações intelectuais. Tornam-se assim nossos objetos nossos objetivos, o que confere uma característica recursivamente pós-estruturalista a este nosso livro.

EXERCÍCIOS

1. A título de verificação de leitura, assinale a alternativa correta que resume o capítulo:

   a. O capítulo aborda teóricos do Estruturalismo francês e suas contribuições para a Teoria Semiótica. O objetivo do manual é introduzir conceitos básicos de Semiótica Estruturalista. Os objetos são a linguagem e os sistemas de signos estáveis. As bases epistemológicas são o positivismo lógico e a Linguística Formal.

   b. O capítulo foca em teóricos do Pós-Estruturalismo francês, como Kristeva, Barthes e Derrida, e suas contribuições à Semiótica. O objetivo do manual é expandir o interesse por esses teóricos para um público mais amplo. Os objetos são os textos e sistemas de signos instáveis. As bases epistemológicas são a desconstrução de significados fixos e a valorização da multiplicidade do significado.

   c. O capítulo concentra-se na análise estruturalista da Literatura com ênfase em Lévi-Strauss e Barthes. O objetivo do manual é promover a leitura crítica de textos literários. Os objetos são mitos e narrativas. As bases epistemológicas são a busca pela clareza e estabilidade dos signos.

d. O capítulo apresenta um panorama histórico da Semiótica, desde suas origens até o Pós-Estruturalismo. O objetivo do manual é fornecer uma visão geral da evolução da Semiótica. Os objetos são signos e suas interpretações históricas. As bases epistemológicas incluem influências do Estruturalismo e Pós-Estruturalismo.

e. O capítulo explora contribuições de teóricos contemporâneos da Semiótica Americana. O objetivo do manual é comparar abordagens semióticas entre Europa e América. Os objetos são signos e significados culturais. As bases epistemológicas são a Pragmática e a Semiótica Interpretativa.

2. Associe os nomes dos autores citados no capítulo à respectiva área de atuação. De acordo com sua resposta, assinale a alternativa correspondente.

1. Julia Kristeva
2. Roland Barthes
3. Jacques Derrida
4. Ferdinand de Saussure
5. Louis Hjelmslev
6. Algirdas Julien Greimas
7. Roman Jakobson
8. Claude Lévi-Strauss
9. Iuri Lotman
10. Mikhail Bakhtin
11. Charles Sanders Peirce
12. Victoria Welby

a. Semiótica Anglófona
b. Semiótica Francesa
c. Semiologia Europeia
d. Semiótica Russa

a. 1 - B | 2 - B | 3 - B | 4 - C | 5 - C | 6 - B | 7 - D | 8 - B |
9 - D | 10 - D | 11 - A | 12 - A

b. 1 - A | 2 - A | 3 - A | 4 - C | 5 - C | 6 - B | 7 - D | 8 - B |
9 - D | 10 - D | 11 - A | 12 - B

c. 1 - B | 2 - B | 3 - A | 4 - C | 5 - D | 6 - B | 7 - D | 8 - B |
9 - C | 10 - D | 11 - A | 12 - A

d. 1 - B | 2 - C | 3 - B | 4 - C | 5 - B | 6 - B | 7 - D | 8 - B |
9 - D | 10 - C | 11 - A | 12 - A

e. 1 - B | 2 - C | 3 - B | 4 - C | 5 - C | 6 - D | 7 - D | 8 - B |
9 - D | 10 - D | 11 - A | 12 - A

3. Leia as afirmações abaixo e determine se são verdadeiras (V) ou falsas (F).

a. A Semiologia, influenciada por Saussure, foca na estrutura interna dos sistemas de signos.

V ( ) F ( )

b. A Semiótica, baseada nos trabalhos de Peirce, inclui uma teoria geral dos signos, não necessariamente linguísticos.

V ( ) F ( )

c. A Semiologia e a Semiótica são campos de estudo completamente distintos, sem nenhuma interseção teórica.

V ( ) F ( )

d. O Estruturalismo busca entender a linguagem e outros sistemas de signos como estruturas fechadas e estáveis. V ( ) F ( )

e. O Pós-Estruturalismo, diferentemente do Estruturalismo, acredita na fixidez e clareza dos significados dos signos.

V ( ) F ( )

f. O Estruturalismo busca estabelecer relações inequívocas entre significantes e significados.

V ( ) F ( )

g. No Pós-Estruturalismo, o significado é visto como instável, múltiplo e passível de negação.

V ( ) F ( )

h. O Estruturalismo foca na análise de estruturas universais, enquanto o Pós-Estruturalismo enfatiza a desconstrução dessas estruturas.

V ( ) F ( )

4. Considere a tabela abaixo, adaptada do verbete *Signo*, no *Dicionário enciclopédico de Semiótica* (Sebeok (ed.), c1986, p. 936):

Autoria	Palavras-chave
Estoicos	*Sêmainon, sêmainómenón, tygchánon*
Agostinho	*Verbum vocis, verbum mentis, res*
Ockham	*Terminus, conceptus, res*
Locke	*Name, nominal essence, Thing*
Frege	*Zeichen, Sinn, Bedeutung*
Peirce	*Sign/representamen, immediate object, dynamical object*
Morris	*Sign vehicle, significatum, denotatum*
Saussure	*Signifiant, signifié*

a. A tabela elenca variações históricas de triplas de palavras. Ela divide a significação entre uma superfície que designa, um sentido e a coisa mesma, fonte da designação. Quase toda a tabela contém tríades, exceto por uma entrada. Qual é essa linha?

b. Para Saussure, o signo não designa palavras a coisas; ele relaciona um conceito mental a uma impressão humana, esta última podendo ser visual, acústica etc. Pouco interessa a realidade, referente ou objeto desde o qual essa relação se origina. Qual a consequência dessa posição teórica, que por princípio se furta a falar do que há fora do sistema de signos?

5. Considere o esquema abaixo, adaptado do capítulo "Thomas A. Sebeok e a Semiótica do século XXI", por John Deely (2011, p. 125):

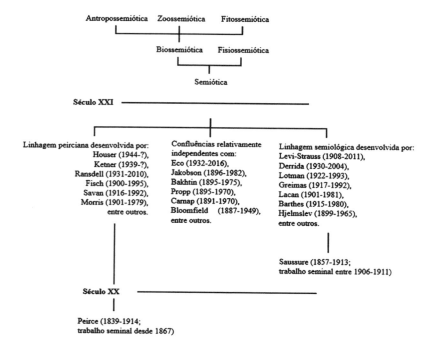

a. O esquema é uma linha do tempo sobre o desenvolvimento da Semiótica no século XX e XXI. Circule o ramo contendo o recorte de autores de que tratamos neste manual. Dos três nomes escolhidos por nós, quem está faltando?

b. Com um tom derrisório, o texto de apoio denuncia que "[...] foi esse grupo de pensadores glotocêntricos – Barthes, Lacan, Foucault, Derrida, Lotman, Greimas, uma verdadeira pletora – que dominou as décadas de meados do século XX, tanto no Oriente quanto no Ocidente" (Deeley, 2011, p. 125). O que significa atacar esses teóricos como glotocêntricos? O que essa crítica sugere a respeito da natureza de seus objetos de estudo?

PARA SABER MAIS

- *A vida enigmática dos signos: Saussure e o nascimento do Estruturalismo*, por Patrice Maniglier (2023). Nesse livro, em um estilo ensaístico bastante próprio, avalia-se o projeto semiológico de Saussure em seus desenvolvimentos estruturalistas e pós-estruturalistas como um convite à autoria e criatividade intelectual.

- *Essays in Semiotics, Essais de Sémiotique* (Ensaios de Semiótica), organizados por Julia Kristeva, Josette Rey-Debove e Donna Jean Umiker (1971). Nesta coletânea preciosa, infelizmente não traduzida para o português, há textos teóricos e aplicados sobre variadas questões e desenvolvimentos da Semiologia, tornando-se já Semiótica, ao menos desde os anos 1970.

- *Seminário internacional aberto sobre Semiótica [International Open Seminar on Semiotics – IO2S]*, na edição de 2022, organizado pela Universidade de Coimbra. O evento celebrou o 80º aniversário de John Deely e abordou Semiótica Histórica e Contemporânea. As palestras e discussões, agora disponíveis no canal do YouTube do Instituto de Estudos Filosóficos (IEF), oferecem uma visão aprofundada sobre a evolução da semiótica e seus desafios atuais, acessível para estudantes e pesquisadores interessados.

REFERÊNCIAS

BARTHES, Roland. *O Neutro*: anotações de aulas e seminários ministrados no Collège de France, 1977-1978. Tradução de Ivone Castilho Benedetti. São Paulo: Martins Fontes, 2003.

BARTHES, Roland. *A preparação do romance*: da vida à obra. Tradução de Leyla Perrone-Moisés. São Paulo: Martins Fontes, 2005.

BASTIDE, Roger. *Usos e sentidos do termo "estrutura" nas Ciências Humanas e Sociais.* Tradução de Maria Heloiza Schabs Cappellato. São Paulo: Edusp, 1971.

BUSCH, Kathrin. Phantasmagorical Research: How Theory Becomes Art in the Work of Roland Barthes. *In:* WÄLCHLI, Tan; CADUFF, Corina. *Artistic Research and Literature.* Leiden: Brill, Fink, 2019. Disponível em: https://doi.org/10.30965/9783846763339_017. Acesso em: 7 ago. 2024.

CAMPOS, Haroldo de. *Metalinguagem & outras metas*: ensaios de Teoria e Crítica Literária. São Paulo: Perspectiva, 2004.

CULLER, Jonathan. *On Deconstruction*: Theory and Criticism after Structuralism. Ithaca: Cornell University Press, 1982.

CULLER, Jonathan. *The Pursuit of Signs*: Semiotics, Literature, Deconstruction. Londres e Nova York: Routledge, 2005.

DEELEY, John. Thomas A. Sebeok and semiotics of the 21st century. *In:* COBLEY, Paul *et al. Semiotics Continues to Astonish*: Thomas A. Sebeok and the Doctrine of Signs, Berlin, Boston: De Gruyter Mouton, 2011.

DELEUZE, Gilles. Em que se pode reconhecer o Estruturalismo? *In:* CHÂTELET, François (org.). *História da Filosofia, ideias e doutrinas*: o século XX. Tradução de Hilton F. Japiassú. Rio de Janeiro: Zahar, v. 8, 1982.

DERRIDA, Jacques. A estrutura, o signo e o jogo no discurso das Ciências Humanas. *In:* DERRIDA, Jacques. *A escritura e a diferença.* São Paulo: Perspectiva, 1971.

FREIRE, Vinicius Torres. O intelectual da discordância. *Folha de S. Paulo*, São Paulo, domingo, 3 de dezembro de 1995. Disponível em: https://www1.folha.uol.com.br/fsp/1995/12/03/mais!/4.html. Acesso em: 7 ago. 2024.

GADET, Françoise; PÊCHEUX, Michel. *A língua inatingível*: o discurso na história da linguística. Tradução de Bethania Mariani e Maria Elizabeth Chaves de Mello. Campinas: Pontes, 2004.

HÉNAULT, Anne. *História concisa da Semiótica.* Tradução de Marcos Marcionilo. São Paulo: Parábola, 2006.

HJELMSLEV, Louis. *Prolegômenos a uma teoria da linguagem.* Tradução de J. Teixeira Colho Netto. São Paulo: Perspectiva, 2016.

KRISTEVA, Julia; REY-DEBOVE, Josette; UMIKER, Donna Jean (orgs.). *Essays in Semiotics, Essais de Sémiotique.* Paris: Mouton, 1971.

MANIGLIER, Patrice. *A vida enigmática dos signos*: Saussure e o nascimento do estruturalismo. Tradução de Fábio Roberto Lucas e Fernando Scheibe. São Paulo: Cultura e Barbárie, 2023.

NETTO, José Teixeira Coelho. *Semiótica, Informação e Comunicação*. São Paulo: Perspectiva, 1983.

PIGNATARI, Décio. *Informação. Linguagem. Comunicação*. São Paulo: Cultrix, 1981.

SAUSSURE, Ferdinand de. *Curso de Linguística Geral*. Organizado por Charles Bally e Albert Sechehaye, com a colaboração de Albert Riedlinger; prefácio à edição brasileira de Issac Nicolau Salum; tradução de Antônio Chelini, José Paulo Paes e Izidoro Blikstein. 28. ed. São Paulo: Cultrix, 2021.

SEBEOK, Thomas A. (ed.). *Encyclopedic Dictionary of Semiotics*: Tome 2, N-Z. Berlin; New York: Mouton de Gruyter, c1986.

STAROBINSKI, Jean. *As palavras sob as palavras*: os anagramas de Ferdinand de Saussure. Tradução de Carlos Vogt. São Paulo: Perspectiva, 1974.

TÁPIA, Marcelo; NÓBREGA, Thelma Médici (orgs.). *Haroldo de Campos: Transcriação*. São Paulo: Perspectiva, 2013.

TODOROV, Tzvetan. The Last Barthes. Tradução de Richard Howard. *Critical Inquiry*, v. 7, n. 3, p. 449-454, 1981. Disponível em: http://www.jstor.org/stable/1343112. Acesso em: 7 ago. 2024.

YOUNG, Robert. Post-Structuralism: The End of Theory. *Oxford Literary Review*, vol. 5, no. 1/2, 1982, pp. 3–20. JSTOR, http://www.jstor.org/stable/43973639. Acesso em: 7 ago. 2024.

JULIA KRISTEVA

BIOGRAFIA

Julia Kristeva, filósofa, crítica literária, psicanalista e feminista búlgaro-francesa, fez contribuições significativas nos campos da Semiótica, Psicanálise e Feminismo. Nascida em 1941 na Bulgária, Kristeva mudou-se para a França, onde estudou na Universidade de Paris, tendo depois se casado com o escritor Philippe Sollers. Ela é conhecida por seus conceitos de Abjeção, Intertextualidade e Significância, bem como por seus trabalhos em Linguagem e Psicanálise. A abordagem interdisciplinar e a perspectiva única de Kristeva renderam renome internacional, dando-lhe lugar de destaque no pensamento contemporâneo de matriz francesa.[10]

Embora Kristeva tenha feito contribuições a vários campos, é sabido que seu trabalho enfrentou também críticas e controvérsias. Em particular, seu estilo de escrita é frequentemente descrito como complexo e, por vezes, inacessível, o que pode dificultar a comunicação de suas ideias. Além disso, há uma percepção de que algumas de suas teorias carecem de evidências empíricas robustas, o que levanta questões sobre a validade e a aplicabilidade de seus conceitos em estudos concretos. Essas críticas, no entanto, não diminuem suas contribuições, mas enfatizam a necessidade de receber outros paradigmas que não os de uma transparência científica-analítica hiperinformativa, experimentalmente verdadeira e universal.[11]

Não obstante, o trabalho de Julia Kristeva segue estudado e debatido. Com mais de 30 livros publicados, além de sua prolífica produção acadêmica, Kristeva fez incursões como romancista, explorando temas caros a ela pela mídia da ficção. Muitos acadêmicos e estudantes são atraídos pela profundidade e complexidade de suas ideias, encontrando valor no desafio de lidar com sua prosa densa e teorias intricadas. Em última análise, concordando ou discordando do trabalho de Kristeva, é inegável a posição de que ela desfruta no cenário intelectual francófono dos séculos XX e XXI.

BIBLIOGRAFIA

Julia Kristeva começou sua carreira na década de 1960 e foi, até os anos 2000, uma presença ativa no debate público na França. Seu trabalho destaca-se pela interdisciplinaridade, abrangendo áreas como Linguística, Semiótica, Teoria Literária, Psicanálise, Feminismo e Filosofia. Kristeva é conhecida por seus trabalhos pioneiros em intertextualidade, formalismo russo e processos de significação não verbais. Sua abordagem inovadora e crítica rendeu-lhe lugar de destaque, influenciando o campo dos estudos pós-estruturalistas, como nos Estudos Culturais e Estudos da Mulher.

Dentre os livros mais célebres de Kristeva, no que diz respeito aos Estudos de Linguagem, destacamos *A revolução da linguagem poética: a vanguarda no final do século XIX: Lautréamont e Mallarmé* (Kristeva, 1974) e *Poderes do horror: ensaio sobre a abjeção* (Kristeva, 1980). No primeiro livro, há uma análise pioneira sobre como a linguagem poética pode subverter e transformar usos-padrão de linguagem. Kristeva argumenta que o Poético, ao romper com as convenções da linguagem comum, esta última definida como o Simbólico, cria um espaço para a emergência de novos regimes de sentido, estes últimos definidos como o Semiótico. No segundo livro, Kristeva explora o conceito de horror, investigando como sentimentos de repulsa são expressos e semioticamente analisáveis. É notável aí a presença da obra de Louis-Ferdinand Céline e o desenvolvimento da teoria da abjeção, que se tornou um conceito central na teoria feminista e *queer*.

No campo da Semiótica, Kristeva contribuiu com obras como *Introdução à Semanálise* (Kristeva, 2005) *e História da linguagem* (Kristeva, 2007). A primeira cria uma metodologia à Semiótica, chamada de Semanálise, nova técnica de análise dos signos, estes últimos do grego *semeion e* do latim *sema,* daí o neologismo para uma Sema-análise. A segunda trata da história do discurso das linguagens humanas e não humanas, avaliando como diferentes tempos, espaços e concepções afetam a forma como se compreende e até se pratica a linguagem. Ambos os livros oferecem uma visão abrangente dos processos de significação, através de diversas mídias e perspectivas teórico-metodológicas.

Em resumo, a bibliografia de Julia Kristeva compreende uma gama de temas e disciplinas. Suas contribuições à Semiótica Pós-Estruturalista são particularmente notáveis, uma vez que Kristeva expandiu as fronteiras da Semiologia ao incorporar nela a Psicanálise Lacaniana, Teoria Literária Russa e novas correntes de Signalética, Informática e Estudos de Gestualidade. Seus trabalhos proporcionam *insights* inovadores sobre a analítica da linguagem e dos signos, oferecendo uma lógica a uma só vez criativa e abstrata à ciência dos fenômenos de sentido. Na seção seguinte sobre conceitos-chave, exploraremos mais detidamente Kristeva semioticista.

CONCEITOS-CHAVE

Nesta seção de conceitos-chave, selecionamos dois conceitos de Julia Kristeva: Semanálise e Significância. O primeiro corresponde ao projeto autoral de Kristeva para avançar as bases da Semiologia em uma Semiótica nova, a Semanálise. O segundo indica uma propriedade da significação, cujos rendimentos teóricos e práticos interessam ao nosso manual. Com isso, seguirão os exercícios para praticar os estudos acerca de Kristeva e da Semiótica Francesa Pós-Estruturalista.

O conceito de Semanálise foi introduzido por Kristeva no frontispício do livro *Semeiotike: recherches pour une Sémanalyse*, de 1969, ao português traduzido como *Introdução à Semanálise* (Kristeva, 2005). Embora nos pareça que com o tempo a Semanálise desapareça em favor da analítica do Semiótico *versus* o Simbólico, sobre a qual falaremos a seguir, convém introduzirmos esse projeto. Repetindo o gesto de invenção da Semiologia de Saussure, da Metassemiologia de Hjelmslev, bem como da Gramatologia de Derrida, Kristeva colecionou e colou o que lhe parecia de mais produtivo nos Estudos de Signos, do Estruturalismo francês à pesquisa internacional em Informática e Telecomunicações. Com sua Semanálise Julia Kristeva forjou uma nova Ciência dos Signos, que não seria nem Semiologia nem Semiótica:

> O problema do exame crítico da noção de signo impõe-se, pois, a toda a empresa semiótica: sua definição, seu desenvolvimento histórico, sua validade e suas relações com os diferentes tipos de práticas significantes. A Semiótica não lograria se fazer a não ser obedecendo totalmente à lei que a fundamenta, a saber, à desintrincação dos procedimentos significantes; isto implica que ela se volte incessantemente sobre seus próprios fundamentos, pense-os e transforme-os. Mais que *Semiologia*, ou *Semiótica*, esta ciência constrói-se como uma crítica do sentido de seus elementos e suas leis – como uma *Semanálise* (Kristeva, 2005, p. 22).

Kristeva mobiliza vários tópicos relacionados à Semiótica e à Semanálise. Ela enfatiza a importância do texto e da escrita na compreensão da linguagem e de seu poder transformador, especialmente por mídia da Literatura. A Semanálise é posta como uma ciência crítica da significação, que exige um arcabouço conceitual novo para estudar as características específicas dos signos. Kristeva explora a natureza interdisciplinar e hipermidiática da Semiótica, estabelecendo conexões com Linguística, Filosofia, Ciências Sociais, Matemática, Lógica e Teoria da Informação. O conceito de Significância então é introduzido para descrever os processos de diferenciação, estratificação e confronto nos sistemas de significação, destacando como o significado é gerado pela interação entre significantes, sujeitos significadores, signos e estruturas linguístico-textuais.

A partir da Semanálise como inovação teórico-metodológica, Julia Kristeva categorizou dois regimes de signos. A oposição entre o Semiótico *versus* o Simbólico foi discutida em entrevista recente com a autora. Em 1998, o historiador e filósofo Jonathan Ree entrevistou Kristeva sobre se a Linguística, em especial o Gerativismo e a Teoria da Enunciação, não errou em suas bases epistemológicas. Kristeva respondeu que: "[...] a tradição epistemológica detrás da Linguística contemporânea foi explicada por Chomsky como o *ego cogito* de Descartes" (Kristeva; Ree, 1998). A autora aproxima-a, junto das Teorias do Discurso, dos Atos de Fala e da Teoria da Enunciação na França, ao *ego* transcendental de Edmund Husserl e da Fenomenologia. Kristeva ressalva que "[...] todas essas teorias linguísticas, sejam chomskianas ou de Atos de Fala, pressupõem uma cisão entre sujeito e objeto, bem como a solidez da consciência falante" (*Ibid.*).

Como disputam-se tal solidez e cisão nos estados patológicos e nas situações em que o código social entra em fluxo, fossem em momentos de revolta, inovação ou criação, Kristeva propôs um outro modelo, designado a acomodar essas situações dinâmicas, em que o significado nem sempre é dado. Kristeva chamou essa propriedade de Significância, cujo "-ância", utilizado por linguistas medievais, enfatiza a dinamicidade da significação. Kristeva completa: "[...] distingo duas modalidades de Significância. Primeiro, a Semiótica, que se refere às ecolalias ou vocalizações infantis, anteriores ao signo e à sintaxe. E segundo, signo e sintaxe, ou o que chamo de Simbólico" (*Ibid.*). A combinação dos dois regimes de Significância gera a ação dos signos, e suas manifestações mais evidentes encontram-se na linguagem poética, por exemplo, com James Joyce, nos quais mais pesa a sinalização do ritmo que a significação do Sentido. Com isso, sob o signo da Significância, podem-se categorizar múltiplos discursos segundo a oposição entre Semiótico e Simbólico. "Assim, a Linguística não está errada, mas tem um objeto limitado, com uma história específica" (*Ibid.*).

Portanto, a Semanálise é uma nova Ciência da Significância: ela designa uma nova teoria do Signo, projetando a potência indefinida de se fazer ou desfazer sentido, ou seja, da dialética entre o Simbólico e o Semiótico. Pela aversão à antiga crítica da Palavra *versus* Ideia, bem como por indeferir nexos de origem, original e originalidade aos textos e termos, a Semanálise dispensa a Semiótica do logocentrismo das extrações logicistas, filosóficas e mentalistas da Semiologia pós-saussuriana. Ela aponta afinal para teorias, aplicações e processos significantes de outras naturezas, avessas até ao próprio Signo, preparando o campo à Semiótica rigorosamente negativa do último Barthes ou de Derrida, sobre os quais retornaremos nos próximos capítulos do manual.[12]

EXERCÍCIOS

1. A título de verificação de leitura, assinale a alternativa correta que resume o capítulo:

   a. O capítulo explora as contribuições de Kristeva ao Estruturalismo francês, focando na teoria da Abjeção e na análise de signos estáveis em textos literários. O objetivo é mostrar a continuidade das ideias estruturais. Os objetos principais são os signos estáveis e a linguagem poética. As bases epistemológicas são a Linguística Formal e a Teoria do Discurso.

   b. O capítulo examina o trabalho de Kristeva dentro do contexto do Pós-Estruturalismo, destacando a Semanálise e Significância como conceitos-chave. O objetivo é explicar como Kristeva contribuiu para uma visão mais fluida e dinâmica da significação. Os objetos são textos e sistemas de signos instáveis. As bases epistemológicas incluem a crítica dos significados fixos e a multiplicidade interpretativa.

   c. O capítulo centra-se na análise da obra de Kristeva em relação ao formalismo russo, com ênfase em sua aplicação à literatura clássica. O objetivo é entender como Kristeva aplicou conceitos estruturais em textos antigos. Os objetos são mitos e narrativas. As bases epistemológicas são a Semiótica Lógica e a Teoria Literária.

   d. O capítulo oferece uma visão geral da Semiótica, desde suas origens até a contribuição de Kristeva, focando na evolução histórica dos conceitos semióticos. O objetivo é fornecer uma visão completa da Semiótica. Os objetos são signos históricos e suas interpretações. As bases epistemológicas incluem tanto o Estruturalismo quanto o Pós-Estruturalismo.

e. O capítulo analisa a Semiótica Americana contemporânea, contrastando-a com as abordagens de Kristeva. O foco é comparar diferentes correntes semióticas e suas influências culturais. Os objetos são signos e significados culturais específicos da América. As bases epistemológicas são Pragmática e Semiótica Textual.

2. Em um texto intitulado "L'étrangère" ("A estrangeira"), Roland Barthes, revisando a história da Semiologia e avaliando sua renovação na pessoa de Julia Kristeva, declara:

> Embora recente, a Semiologia já tem uma história. Derivada de uma formulação inteiramente olímpica de Saussure ("Pode-se conceber uma ciência que estuda a vida dos signos na vida social"), ela não deixa de se experimentar, de se dividir, de se deslocar, de entrar nesse grande carnaval das linguagens descrito por Julia Kristeva. [...]
>
> Ela a quem devemos um conhecimento novo, vindo do Oriente e do Extremo Oriente e esses novos instrumentos de análise e engajamento que são o paragrama, o dialogismo, o texto, a produtividade, a intertextualidade, o número e a fórmula, nos ensina a trabalharmos na diferença, isto é, acima das diferenças em nome das quais somos proibidos de fazer germinar juntos a escrita e a ciência, a História e a forma, a ciência dos signos e a destruição do signo: estas são todas essas belas antíteses, confortáveis, conformistas, obstinadas e autossuficientes que a obra de Julia Kristeva passa rente, marcando nossa jovem ciência semiótica com um risco *estrangeiro* (o que é bem mais difícil que *estranho*) (Barthes, 2002, p. 477-478, 480).

Leia as afirmações abaixo e determine se são verdadeiras (V) ou falsas (F).

a. O texto intitulado "A estrangeira" é uma crítica à obra de Julia Kristeva e à sua influência na Semiologia.
V ( ) F ( )

b. No texto, Roland Barthes destaca a contribuição de Julia Kristeva para a renovação da Semiologia, mencionando conceitos como o paragrama, o dialogismo e a intertextualidade.
V ( ) F ( )

c. Kristeva é reconhecida por trazer para a França toda uma bibliografia soviética e oriental, compreendendo nomes da Semiótica e Estudos da Linguagem russos, além de orientalistas como o budólogo Linnart Mäll.
V ( ) F ( )

d. O texto elogia Kristeva por introduzir novas ferramentas analíticas e de engajamento na Semiologia, tais como a produtividade e a fórmula.
V ( ) F ( )

e. Roland Barthes considera a obra de Kristeva um exemplo de conformismo e autossuficiência na ciência semiótica.
V ( ) F ( )

f. O texto sugere que Kristeva trabalha na interseção entre escrita e ciência, História e forma, e ciência dos signos e destruição do signo.

V ( ) F ( )

g. A análise de Barthes critica Kristeva por suas abordagens tradicionais e conservadoras na Semiologia.

V ( ) F ( )

h. O título *A estrangeira* refere-se ao fato biográfico de Kristeva ser búlgara, depois radicada na França.

V ( ) F ( )

3. A partir da oposição tratada no capítulo, categorize os fragmentos em si mesmos como participando predominantemente do regime de significação ou do Semiótico (Sem) ou do Simbólico (Sim):

a. "Lalinguo, o que significa lalala, lalação" (Lacan, 1974 *apud* Holthausen, 2009).

( ) Sem ( ) Sim

b. "A linguagem é apenas aquilo que o discurso científico elabora para dar conta do que chamo de *lalangue*" (*Ibid.*).

( ) Sem ( ) Sim

c. "– Atacas o amarelo?
– Não.
– És primaveril?
– Nãohão.

– És por acaso hostil ao hostil?

– Nãohãohão.

– Basta, besta, basta! Avante! Micaco! Bosta!

Pinga e pinga não pinga nem ponga"

(Joyce, 2002, p. 233).

( ) Sem ( ) Sim

d. "– Concluindo o que eu estava falando sobre a beleza – disse Stephen –, as mais satisfatórias relações do sensível devem, por conseguinte, corresponder às fases necessárias da apreensão artística. Descobre-as e terás descoberto as qualidades da beleza universal. Santo Tomás de Aquino diz: *Ad pulcritudinem tria requiruntur integritas, consonantia, claritas.* Eu traduzo isso assim: Três coisas são necessárias para a beleza: inteireza, harmonia e radiação. Correspondem essas três às fases da apreensão? Estás me seguindo?" (Joyce, 2007, p. 238).

( ) Sem ( ) Sim

e. "*How they tinkle, tinkle, tinkle*
In the icy air of night
[Como tilintam, tilintam, tilintam,
No ar glacial da noite]
Halld, mind, pendül, kondul, csendüi...
(Mihdly Bobits)
Wie sir klingen, klingen, klingen,
Zwinkernd sich zum Reigen schlingen...
(Th. Etzel)

Come tintinnano, tintinnano, tintlnnano
Di una cristallina delizia...
(Frederico Olivero)"
(Derrida, 1974, p. 179).

( ) Sem ( ) Sim

f. "Se quisermos reduzir ainda mais o núcleo aparente do efeito + L (*gl, bl, cl, kl, tl, fl, pl,* etc.), logo isolaríamos o L. Porém, é sobre o L que, depois de uma análise rica (tão rica que ela não pode parar em nenhum resultado determinado), Fénagy deve concluir, muito justamente (mas o que acontece então com o projeto dele?), a impossibilidade de uma determinação, logo de uma motivação, logo de uma semântica unívoca: 'O caráter complexo da consoante L lembra-nos de uma verdade pouco surpreendente, mas importante. Não há correspondência simples e exclusiva entre uma pulsão e um som dado'" (*Ibid.*).

( ) Sem ( ) Sim

4. Ao final de sua *História da linguagem*, Julia Kristeva (2007, p. 322) faz referência ao tratado *Musurgia universalis, sive Ars magna Consoni et Dissoni* [Musurgia universal, ou a Grande Arte da Consonância e Dissonância], por Athanasius Kircher (Kircher, 1650, p. 30), jesuíta, inventor e naturalista alemão. Em uma de suas páginas encontramos a seguinte imagem, que transcreve em notação musical as diferentes melodias de pássaros em função de suas espécies:

a. Por que convém aos Estudos da Linguagem estudar formas de comunicação não humanas? Como isso se opõe o logocentrismo típico da Semiologia, abrindo cientificamente caminho à Semiótica como Teoria Geral dos Signos?

b. Nesse mesmo livro, Kristeva pondera:

A comunicação animal mostra-nos um sistema de informação que, embora seja uma linguagem, não parece estar baseado no signo e no sentido. O signo e o sentido aparecem cada vez mais como fenômenos específicos de um certo tipo de comunicação humana, e não são de modo nenhum os universais de qualquer sinalização. Toma-se assim necessária uma tipologia dos sinais e dos signos, que coloque no seu justo lugar o fenômeno da comunicação verbal (Kristeva, 2007, p. 321).

A tipologia entre o Semiótico e o Simbólico vale para descrever linguagens, códigos e sistemas de signos não humanos? A dedicação ao fenômeno do poético, do sem sentido ou do jogo encontraria lugar em Teorias Informacionais da Comunicação, para além do humano?

5. Considere os três excertos motivadores abaixo, extraídos do ensaio "Le lieu sémiotique" ("O lugar semiótico"), escrito por Julia Kristeva:

Quando o saber do século XX retoma esse *semeion* para construir sobre ele um pensamento que marca uma etapa decisiva na episteme ocidental, o termo *semiótica* – explícita ou implicitamente –, retorna-nos carregado de esforços (científicos, filosóficos, teóricos) para apreender as leis do SIGNIFICAR. Não levar isso em conta obrigaria a semiótica a fazer o que deve evitar por sua própria vocação: ficar presa em uma certa epistemologia já circunscrita e dominada. Baseando-se na linguística e na lógica, que sempre estiveram próximas do significado e de suas regras, a semiótica assume hoje uma tarefa muito mais ambiciosa e vasta. Ela busca as leis das diferentes abordagens significantes (desde o enunciado mais simples até o discurso científico ou as "artes"); indica as combinações específicas que fundamentam ou produzem as diferentes práticas significantes que os sujeitos ouvem ou comunicam uns aos outros como mensagens no jogo social. Apreender as práticas significantes (ordená-las), estabelecer sua tipologia, definir suas transformações, portanto dar as regras de significação tendo em conta os diferentes e múltiplos sistemas que as implementam são, resumidamente, os objetivos da semiótica.

Tal atribuição, por mais aproximada que seja, vincula a semiótica menos à linguística e à lógica que ela comporta, do que a um pensamento cujo rigor científico e alcance filosófico já lhe haviam traçado o caminho (Kristeva, 1971, p. 1).

A semiótica inviabiliza justo o velho discurso filosófico e, quando o compreende, é para fazer dele uma teoria capaz de renovar seus formalismos.

Que se tratará de fazer da semiótica um lugar focal no qual se encontrem várias pesquisas teóricas e formais sobre o funcionamento significante; não para restringi-la a uma notação pura que não questione seus pressupostos, mas para permitir que ela renove seus modelos renovando sua teoria, para torná-la um lugar de elaboração de modelos.

A semiologia deveria, portanto, ser o ponto vigilante da ciência, pois ela não tem outra razão de ser senão pensar a significância e, portanto, também suas próprias leis. Ciência sem fechamento, ela absorve as descobertas teóricas à medida que ocorrem na história do pensamento (da crítica filosófica à ciência psicanalítica e à história da sociedade) e se reformula, portanto, postula uma semântica que exige novos formalismos em relação aos sistemas de significação.

Este projeto faz da semiótica um modo de pensar, um método que hoje penetra todas as ciências sociais, todos os discursos científicos ou teóricos sobre os modos de significar (antropologia, psicanálise, epistemologia, história, crítica literária, estética), e ocupa a linha mesma em que se desenrola a luta entre ciência e ideologia. Substituindo a filosofia clássica, a semiótica deveria ser a teoria científica da época dominada pela ciência (*Ibid.*, p. 5).

Disparatados, desiguais, hesitantes, os ensaios semióticos de hoje testemunham, no entanto, que no discurso científico moderno começa a emergir um LUGAR específico, um lugar ainda não pensado, mas cujos efeitos não deixarão de impactar todo o sistema de saber. Essa especificidade do lugar semiótico consiste, a nosso ver, no fato de que o discurso científico dá um passo para trás daquilo que o constitui, ou seja, o DISCURSO, o SISTEMA SIGNIFICANTE, e que busca suas leis, os princípios de organização, estruturas ou transformações. Ou seja, hoje o DISCURSO do sujeito cognoscente coloca-se em condições de conhecer DISCURSOS. Um sistema significante volta-se aos sistemas significantes dos quais ele faz parte, portanto, em certa medida, volta-se para si mesmo, busca as LEIS da significância e os TIPOS de significância que são diferentes e independentes das estruturas de sua própria significância. [...] Logo, é fácil notar em que consiste a radicalidade da inovação semiótica. Ciência das significâncias, ciência também da ciência como um tipo de significância, a semiótica abre um campo epistemológico particular: antitotalizante, antissubjetivo, antiteológico, não homogêneo, mas diferenciante, transformador, sempre renovando seu próprio trajeto. Pensamento que pensa pensamentos e se pensa, a semiótica seria um discurso que obedece às leis da axiomatização e de sua análise, ou seja, seu questionamento pela renovação teórica, evitando assim o positivismo como desdobramento ideológico do conhecimento nas ditas ciências humanas, bem como o transcendentalismo filosófico refém de suas divagações sem objeto resistente (*Ibid.*, p. 6-7).

a. Resuma os três excertos acima em um só parágrafo, destacando os principais argumentos de Julia Kristeva sobre o papel e a natureza da Semiótica.

b. Compare os excertos com a discussão de Semanálise, Significância e a oposição entre Semiótico e Simbólico neste capítulo e discuta como ela se relaciona ou não com os conceitos apresentados nos excertos.

PARA SABER MAIS

*   *No princípio era o amor: psicanálise e fé*, por Julia Kristeva (1987), na tradução de Leda Tenório da Motta. Kristeva explora a relação entre Psicanálise e Religião, examinando como o amor e a fé influenciam a formação da identidade e a experiência humana. Há uma semiótica implícita na forma como ela mobiliza as fontes de discussão.

*   *Histórias de amor*, por Julia Kristeva (1988), na tradução e introdução de Leda Tenório da Motta. Assim como em *No princípio era o amor*, Kristeva analisa os códigos do Amor, também sob uma perspectiva semiótico-psicanalítica.

*   Site oficial de Julia Kristeva [http://www.kristeva.fr], que oferece um espaço para explorar sua obra. Nele, os visitantes encontram publicações, entrevistas, palestras e ensaios.

REFERÊNCIAS

ACHCAR, Francisco. *Lírica e lugar-comum*: alguns temas de Horácio e sua presença em português. 1992. Tese (Doutorado em Letras Clássicas) - Faculdade de Filosofia, Letras e Ciências Humanas, Universidade de São Paulo, São Paulo, 1992. doi:10.11606/T.8.1992.tde-25082022-113748. Acesso em: 2024-08-10.

BARTHES, R. L'étrangère. *In*: BARTHES, Roland. *Oeuvres complètes*. Paris: Les Éditions du Seuil, 2002, v. 3.

BUTLER, Judith. *Problemas de gênero*: feminismo e subversão da identidade. Tradução de Renato Aguiar. Rio de Janeiro: Civilização Brasileira, 2018.

DERRIDA, Jacques. *Glas*. Paris: Éditions Galilée, 1974.

DUCROT, Oswald; TODOROV, Tzvetan. *Dicionário enciclopédico das ciências da linguagem*. São Paulo: Perspectiva, 1998.

HOLTHAUSEN, Maria. *Lalíngua ou alíngua: pequena introdução*. Blog do Grupo de Estudo de Arte, Filosofia e Psicanálise, postagem da segunda-feira, fevereiro 09, 2009. Disponível em: https://psicanaliselacaniana.blogspot.com/2009/02/lalingua-ou-alingua-pequeno-percurso.html. Acesso em: 24 ago. 2024.

JOYCE, James. *Finnegans Wake / Finnicius revém*: Livro II, Capítulos 9, 10, 11 e 12. Introdução, tradução e notas de Donaldo Schüler; ilustrações de Hélio Vinci. Cotia: Ateliê, 2002.

JOYCE, James. *Retrato do artista quando jovem*. Tradução de José Geraldo Vieira. Rio de Janeiro: Civilização Brasileira, 2007.

KIRCHER, Athanasius. *Musurgia universalis, sive Ars magna Consoni et Dissoni, in X libros digesta*. Tomo 1. Romae: ex typographia Haeredum Francisci Corbelletti, 1650. Disponível em: https://archive.org/details/chepfl-lipr-AXC19_01/page/n64/mode/1up. Acesso em: 27 ago. 2024.

KRISTEVA, Julia. Le lieu sémiotique. *In*: KRISTEVA, Julia; REY-DEBOVE, Josette; UMIKER, Donna Jean (orgs.). *Essays in Semiotics, Essais de Sémiotique*. Paris: Mouton, 1971.

KRISTEVA, Julia. *La révolution du langage poétique*: l'avant-garde à la fin du XIXe siècle: Lautréamont et Mallarmé. Paris: Les Éditions du Seuil, 1974.

KRISTEVA, Julia. *Pouvoirs de l'horreur*: essai sur l'abjection. Paris: Les Éditions du Seuil, 1980.

KRISTEVA, Julia. *No princípio era o amor*: psicanálise e fé. Tradução de Leda Tenório da Motta. São Paulo: Brasiliense, 1987.

KRISTEVA, Julia. *Histórias de amor*. Tradução e introdução de Leda Tenório da Motta. Rio de Janeiro: Paz e Terra, 1988.

KRISTEVA, Julia; REE, Jonathan. *Wall to Wall Television*. Channel Four (Great Britain), Films for the Humanities (Firm). Princeton, NJ: Films for the Humanities & Sciences, 1998.

KRISTEVA, Julia. *Introdução à Semanálise*. Tradução de Lucia Helena França Ferraz. São Paulo: Perspectiva, 2005.

KRISTEVA, Julia. *História da linguagem*. Tradução de Margarida Barahona. Lisboa: Edições 70, 2007.

ROLAND BARTHES

BIOGRAFIA

Roland Barthes foi um teórico literário, filósofo e crítico francês que contribuiu para o campo da Semiótica. Nascido em 1915 em Cherbourg, França, Barthes estudou Literatura Clássica e Filosofia na Universidade de Paris. Posteriormente, por indicação de Michel Foucault, Barthes tornou-se professor no prestigiado Collège de France, onde lecionou até seu falecimento em 1980. Seu trabalho teve influência em campos tão diversos como Literatura, Arte, Cinema e Publicidade.

Apesar de sua influência inicial, o interesse pelo trabalho de Barthes parece ter diminuído ao longo dos anos. Diversos fatores podem explicar essa tendência, incluindo a evolução das teorias literárias e culturais, que passaram a cultivar paradigmas mais político-identitários. Além disso, o avanço da tecnologia e a mudança nas formas de consumo de mídia e cultura podem ter contribuído para uma redução no foco sobre as teorias de Barthes, estas últimas mais literárias que digitais, mais antimídia que hipermidiáticas. De qualquer forma, sua obra deve seguir como uma referência para estudiosos que buscam compreender a Semiologia da Cultura, Linguagem e Sociedade.

Roland Barthes e Julia Kristeva compartilhavam mais do que uma amizade: eles faziam parte do mesmo círculo intelectual vibrante. Ambos integraram o grupo *Tel Quel*, coletivo de intelectuais que, durante os anos 1960 e 1970, desempenhou um papel importante no desenvolvimento do pensamento pós-estruturalista e na reconfiguração da linhagem semiológica. O intercâmbio de ideias entre Barthes e Kristeva no contexto do *Tel Quel* enriqueceu não apenas suas próprias obras, mas também o campo mais amplo dos Estudos Literários e Culturais, deixando um legado de inovação teórica e interdisciplinaridade colaborativa.[13]

BIBLIOGRAFIA

Como um dos mais influentes críticos literários e semioticistas do século XX, ativo entre as décadas de 1950 e 1980, Barthes agitou os Estudos de Linguagem, Literatura e Comunicação. Ele ficou conhecido por suas posições céticas e negativas quanto ao significado como dado, à interpretação como possível e à comunicação como necessidade. Entre os maiores temas de sua obra estão a relação entre texto, escrita e leitura, a desconstrução das narrativas culturais tidas por naturais e a análise denegatória dos sistemas de signos da sociedade francesa à época.

Entre os livros mais célebres de Barthes estão *Mitologias* (2007a) e *Fragmentos de um discurso amoroso* (2018). Em *Mitologias*, Barthes examina uma série de mitos modernos, desconstruindo a maneira como a cultura francesa, com suas revistas, propagandas e fotografias, perpetuava ideologias cristalizadas em signos. Em *Fragmentos de um discurso amoroso*, Barthes explora a código do amor, analisando como emoções e relações se semiotizam na complexidade e ambiguidade das experiências amorosas. Em ambos os livros, examinam-se discursividades cotidianas como sistemas sígnicos, mostrando percursos de geração de sentido segundo um estilo de escrita pós-estruturalista propriamente barthesiano.

No campo da Semiótica, Roland Barthes destacou-se por obras como *Elementos de Semiologia* (2003a) e suas aulas de Semiologia no Collège de France transcritas. Ao fazer uso de Saussure, Jakobson e Hjelmslev, *Elementos de Semiologia* é obra básica do ferramental barthesiano relativo à análise de sistemas de signos, oferecendo uma introdução a conceitos e métodos da Semiologia pós-saussuriana, acompanhada de aplicações a variados fenômenos de significação. Inaugurados em 1977 com o estilizado texto intitulado *Aula* (Barthes, 2004), seus cursos de Semiologia no Collège de France foram igualmente influentes. Ao abordar temas variados, da Fotografia até Letras Orientais, Barthes ministrou seminários únicos, em um estilo docente que lhe era próprio.

Com isso, Roland Barthes deixou um legado à Crítica Literária, Semiótica e Estudos de Linguagem. Ao expor a natureza ideológica, cristalizadora e positivante dos sistemas de significação, tanto na alta cultura quanto na cultura de massas, Barthes revelava como estruturas simbólicas produzem e perpetuam significados aparentemente naturais, quando estes seriam construídos dentro dos próprios sistemas sígnicos. Seu mérito reside na capacidade de transformar os signos mais insignificantes em uma Semiologia a uma só vez genérica e estilizada. Na próxima seção de conceitos-chave, exploraremos mais detidamente Roland Barthes semiólogo.

CONCEITOS-CHAVE

Nesta seção, selecionamos dois conceitos de Roland Barthes: o Império dos Signos e o Neutro. Na mesma linhagem de Semiótica Comparada Ocidente-Oriente, em por exemplo *A travessia dos signos* (Kristeva, 1975), o primeiro remonta aos estudos barthesianos sobre Literatura e Cultura japonesas da década de 1960, nas quais ele encontra o negativo do Sentido, a ausência do Signo. O segundo versa sobre as consequências dessa abordagem negatividade-orientada à Significação, que faz Barthes se afastar talvez irremediavelmente da Semiótica praticada por amigos como Julia Kristeva e Algirdas Greimas. Com isso, seguirão os exercícios para praticar os estudos acerca de Barthes e da Semiótica Francesa Pós-Estruturalista.

O conceito de Império dos Signos encontra-se no livro homônimo *O Império dos Signos* de Roland Barthes (2007b). Trata-se de uma exploração semiótica da cultura japonesa, focando na natureza do signo e em como ele opera fora de seus contextos ocidentais. Barthes examina elementos cotidianos da cultura japonesa como a cidade, lojas, teatro, jardins, culinária, gestos e poemas para caracterizar a singularidade do signo japonês: sua intensidade, vacuidade e onipresença na vida cotidiana, daí um Império, ainda que negativo e vazio. Ao invés de analisar arte ou folclore, Barthes concentra-se em como esses elementos se tornam textos, revelando uma lógica particular da cultura japonesa, em oposição à francesa. Barthes argumenta que o signo japonês é vazio porque seu significado é evasivo e desprovido de amarras morais ou verdades absolutas, o que contrasta com a Semiótica ocidental, que idealiza o material, o concreto, o lastro real do valor simbólico.

Barthes desenvolve seus argumentos a favor do sistema-Japão como Império dos Signos por uma série de ensaios curtos que se conectam tematicamente. Ele utiliza a técnica da justaposição, contrastando elementos da cultura japonesa com seus equivalentes ocidentais para caracterizar uma oposição de regimes de Signos, um positivo e ocidental, outro negativo e oriental. Barthes ilustra a singularidade do signo japonês utilizando o haicai como um exemplo notável de "[...] um mundo que fosse isento de sentido" (Barthes, 2002, v. 4, p. 664, *apud* Fontanari, 2018). Ele argumenta que o haicai, com sua estrutura concisa e alusões fugazes, desafia a lógica da Semiótica, que busca significados fixos e universais. Para Barthes, o haicai não se limita a descrever a natureza, evocar sentimentos ou simular feitos humanos e efeitos retóricos, mas interrompe o fluxo de pensamento e a própria linguagem, criando um vazio de sentido. O autor compara essa experiência à iluminação súbita do Zen [*satori*], que não pode ser alcançada pela lógica discursiva, mas por uma ruptura com o próprio signo. O haicai exige uma postura negativa e inativa, fechada tanto à unicidade quanto à multiplicidade de sentidos, logo aberta à ausência de um significado central.[14]

Esse olhar para os fins da significação e o desejo pelo fim do Signo encontram seu desenvolvimento posterior no conceito de Neutro. O Neutro não aparece inicialmente em *Elementos de Semiologia* (Barthes, 2003a), pois não era um termo corrente na Semiologia à época. Suas origens podem ser traçadas ao Círculo Linguístico de Copenhague, desde quando Louis Hjelmslev e Viggo Brøndal introduziram o elemento neutro para desfazer o binarismo saussuriano: daí herdamos as noções de fonema zero ou morfema neutro para número, gênero, caso etc. Barthes, nos anos 1950 e 1960 mais dedicado ao conceito de escritura (Barthes, 1986), passaria a explorar o Neutro em sua obra dos anos 1970, substituindo, por exemplo, escritura de grau zero por escritura neutra. Esse conceito consolida-se nos seminários de 1977-1978 publicados como *O Neutro* (Barthes, 2003b) e relaciona-se a ideias de terceiro sentido e *punctum*, abordando aspectos da Literatura e Fotografia que resistem à interpretação, logo à captura pelo Signo.

Como em *O Império dos Signos*, o conceito do Neutro manifesta-se na forma de uma obra bastante singular. Barthes explora o Neutro como uma força que desafia e subverte o paradigma de oposição binária, fundamental para a estruturação do significado como diferença. Pela análise de figuras literárias, filosóficas e místicas, como o silêncio, a fadiga e a benevolência, ele ilustra como o Neutro frustra a produção de sentido, escapando de categorizações e desafiando a lógica positiva da significação. O livro é caracterizado por uma abordagem fragmentária e digressiva, que reflete a própria natureza neutralizante do Neutro, compondo uma tapeçaria de comentários, exemplos e reflexões.

A estrutura de *O Neutro* é deliberadamente cursiva, organizada em torno de figuras vagas, representações ou manifestações do Neutro exploradas de maneira não linear. Cada figura é tematizada por recursos variados: etimologias, anedotas, exemplos filosóficos e literários ou até experiências pessoais. Autores como Laozi, Paracelso, Boehme, Blanchot e Proust são frequentemente citados para exemplificar o Neutro em ato. Por exemplo, Laozi, do Taoísmo, representa conceitos próximos ao Neutro, como fluidez e impermanência; Blanchot, por sua vez, explora a relação entre escritura e silêncio, temas que ressoam com o Neutro.

Ao utilizar etimologia e anedotas para instanciar o Neutro em seu livro, Barthes analisa termos como "Delicadeza", "Arrogância" e "Oscilação", destacando as contradições e as nuances que esses conceitos apresentam quando relacionados ao Neutro. Ao mesmo tempo, Barthes recorre a anedotas, como a cerimônia do chá no Japão e a recusa de Swedenborg em confrontar seus críticos, para mostrar como o Neutro se manifesta na sutileza, na evasão e na resistência passiva, sublinhando sua oposição ao regime da ação dos Signos e da mobilização instrumentalizada do Sentido.

Portanto, analogamente a *O Império dos Signos*, a uma só vez conceito e livro, *O Neutro* de Barthes também não se propõe esgotar ou definir geometricamente um termo, mas explorar uma situação-problema tanto teórica quanto criativa, neste caso, no contexto de aulas e seminários do Collège de France. Pela combinação de materiais e métodos de análise, sem qualquer compromisso monográfico ou doxográfico, Barthes constrói um mosaico que reflete a natureza fragmentada e evasiva de um regime semiótico negativo, propondo uma reflexão invertida a respeito dos limites e dos limiares da significação.

EXERCÍCIOS

1. A título de verificação de leitura, assinale a alternativa correta que resume o capítulo sobre Barthes:

   a. O capítulo explora a teoria da narrativa de Barthes, focando em como ele utiliza a estrutura formal para analisar os elementos da narrativa. O objetivo é entender como Barthes aplica conceitos estruturais a textos literários. Os objetos principais são os mitos e as narrativas lineares. As bases epistemológicas são a Narratologia e a Semiótica Formal.

   b. O capítulo examina a transição de Barthes do Estruturalismo para o Pós-Estruturalismo, destacando o conceito de "morte do autor" e a centralidade do leitor. O objetivo é mostrar como Barthes revolucionou a crítica literária ao enfatizar a pluralidade dos significados e a liberdade interpretativa. Os objetos são textos literários e culturais com múltiplas camadas de significado. As bases epistemológicas incluem a desconstrução da autoridade autoral e a polifonia textual.

c. O capítulo analisa dois conceitos-chave na obra de Barthes: o Império dos Signos e o Neutro. Ele explora como Barthes utiliza a cultura japonesa para desafiar a imposição de significados fixos e como ele busca uma forma de significação que escapa a binarismos. O objetivo é entender como aí se habilita uma Semiótica Negativa, que atenta para a instabilidade dos signos e até a desaparição do Sentido. Os objetos são signos culturais hipossêmicos ou até assêmicos. As bases epistemológicas incluem a Semiótica Cultural e a Negatividade como método.

d. O capítulo oferece uma visão geral das contribuições de Barthes à crítica fotográfica, com foco em sua análise dos elementos visuais e narrativos das imagens. O objetivo é explicar como Barthes utiliza a Semiótica para desvendar significados ocultos em fotografias. Os objetos são fotografias icônicas e seus significados culturais. As bases epistemológicas incluem a Semiótica Visual e a Teoria da Imagem.

e. O capítulo analisa a influência de Barthes na crítica cinematográfica contemporânea, destacando sua abordagem semiótica para a análise de filmes. O objetivo é comparar a crítica de cinema com a análise literária. Os objetos são filmes e narrativas visuais. As bases epistemológicas são a Semiótica do Cinema e a Teoria da Narrativa Visual.

2. Em *Senso e contrassenso da revolta*, Julia Kristeva disse: "Barthes foi provavelmente o primeiro a considerar de dentro do Estruturalismo a linguagem como negatividade. Não em razão de alguma opção filosófica (desconstrução, antimetafísica etc.), mas em razão do objeto mesmo de sua pesquisa" (Kristeva, 1996b, p. 439). Já em "La voix de Barthes" ("A voz de Barthes"), no colóquio *Roland Barthes, achadamente moderno*, Julia Kristeva reiterou: "[...] os textos semiológicos de Barthes impõem, portanto, e sobretudo, uma dessubstantificação da idealidade significante. Ou seja, o alcance desses textos é inicialmente negativo: *...chega de semiologia que finalmente não seja semioclasia...*" (*Id.*, 2008).

Leia as afirmações abaixo e determine se são verdadeiras (V) ou falsas (F).

a. O conceito de Império dos Signos, conforme explorado por Barthes, enfatiza uma cultura em que os signos são vistos como vazios, sem ancoragem em um significado substantivo, o que se alinha à ideia de negatividade mencionada por Kristeva.

( ) V ( ) F

b. Em *A voz de Barthes*, Kristeva indica que os textos semiológicos de Barthes reforçam a substancialização da idealidade significante.

( ) V ( ) F

c. Kristeva sugere que a negatividade na linguagem em Barthes deriva diretamente do objeto de sua pesquisa, como o Japão, o Neutro e outros materiais de análise.

( ) V ( ) F

d. Kristeva utiliza o termo "semioclasia" para indicar uma semiologia que não visa a desaparição do signo.

( ) V ( ) F

e. No conceito de Neutro, Barthes propõe uma forma de resistência à binaridade e ao significado estável, o que complementa a "dessubstantificação da idealidade significante" mencionada por Kristeva.

( ) V ( ) F

f. Barthes, em *O Império dos Signos*, propõe que a linguagem pode ser esvaziada de seu significado convencional, um processo que Kristeva considera uma forma de "negatividade" na linguagem.

( ) V ( ) F

g. Kristeva vê em Barthes uma dessubstantificação da idealidade significante, o que implica uma ruptura com a insistência na análise positiva da significação.

( ) V ( ) F

h. As observações de Kristeva sobre Barthes são consistentes em destacar o caráter crítico e negativo da abordagem dele em relação à linguagem e aos signos.

( ) V ( ) F

3. Encontre a correspondência entre as análises de Barthes, em números romanos, e fragmentos dos textos por ele analisados, em letras minúsculas:

(I) "O nosso texto se presta, brevemente na verdade, à análise indicial. A luta que é posta em cena pode ser lida como um índice da força [...]; o índice puxa para um sentido anagógico, que é a força (invencível) do Eleito de Deus. [...] Dividiremos o texto [...] em três sequências: 1. a Passagem; 2. a Luta; 3. as Nomeações" (Barthes, 2001, p. 288-289).

(II) "Em muitos contos, são usados simples prenomes (Ligeia, Eleonora, Morella). A presença deste *senhor* carrega um efeito de realidade social, de real histórico: o herói é socializado, faz parte de uma sociedade definida, na qual é dotado de um título civil. Há que se notar, pois: código social" (*Ibid.*, p. 311, adaptado).

(III) "A isenção do sentido se cumpre através de um discurso perfeitamente legível (contradição recusada à arte ocidental, que só sabe contestar o sentido tornando seu discurso incompreensível), de modo que o haicai não é, a nossos olhos, nem excêntrico nem familiar: ele se parece com tudo e com nada: legível, acreditamos que ele é simples, próximo, conhecido, saboroso, delicado, 'poético', em suma oferecido a todo um jogo de predicados reconfortantes: insignificante porém, ele a nós resiste, perde finalmente os adjetivos que um momento antes lhe discerníamos e entra naquela suspensão do sentido que, para nós, é a coisa mais estranha, pois torna impossível o exercício mais corrente de nossa fala, que é o comentário" (Barthes, 2007b, p. 69, 109-110).

(IV) "Delícias utópicas de um mundo onde sorrir seria a manifestação de uma solidariedade doutrinária, política etc., por exemplo: um gesto de militante ou de mestre (em júris, exames). – Campo das regras para medir a ação de amor (não pesar sobre o outro). [...] Poderíamos dizer talvez que o Neutro tem sua figura, seu gesto, sua inflexão figurada no que ela tem de inimitável: o sorriso, o sorriso leonardiano analisado por Freud: Gioconda, Sta. Ana, Leda, São João, Baco. [...] Ao gesto do paradigma, do conflito, do sentido arrogante, que seria o riso castrador, responderia o gesto do Neutro: o sorriso" (Barthes, 2003b, p. 400).

(a) "Obviamente não fingirei considerar surpreendente o fato de o caso extraordinário do Sr. Valdemar ter gerado discussão. Teria sido um milagre se não tivesse – especialmente dadas as circunstâncias. Pelo desejo de todas as partes envolvidas de manter o caso longe do público, pelo menos por enquanto, ou até que tivéssemos mais oportunidades para investigação – através de nossos esforços para conseguir isso – um relato distorcido ou exagerado chegou à sociedade e se tornou fonte de muitas deturpações desagradáveis e, muito naturalmente, de grande dose de descrença" (Poe, 1845).

(b) "Depois de havê-los feito atravessar o ribeiro, fez passar também tudo o que possuía. E Jacó ficou sozinho. Então veio um homem que se pôs a lutar com ele até o amanhecer. Quando o homem viu que não poderia dominar Jacó, tocou-lhe na articulação da coxa, de forma que a deslocou enquanto lutavam. Então o homem disse: 'Deixe-me ir, pois o dia já desponta.' Mas Jacó lhe respondeu: 'Não te deixarei ir, a não ser que me abençoes.' O homem lhe perguntou: 'Qual é o seu nome?' 'Jacó', respondeu ele. Então disse o homem: 'Seu nome não será mais Jacó, mas sim Israel, porque você lutou com Deus e com homens e venceu.' Prosseguiu Jacó: 'Peço-te que digas o teu nome.' Mas ele respondeu: 'Por que pergunta o meu nome?' E o abençoou ali" (Bíblia, Gn 32:23-29, s.d.).

(c) "O discípulo informa o mestre de seus progressos (que na verdade são regressões), e o mestre dá discretíssimos sinais de aprovação, cada vez mais lisonjeiros: um olhar, um sorriso, um convite a sentar-se. [...] Por exemplo: comparar as investiduras no mundo ocidental (reis, bispos, congressos, eleições, heranças etc.) e esse gesto oriental: Zen transmitido por Buda a seu discípulo Mahakashyapa: diante da congregação, Buda apresenta um buquê de flores ao discípulo: gesto cujo sentido é imediatamente entendido pelo discípulo, que responde ao mestre com um sorriso calmo" (Barthes, 2003b, p. 69)

(d) "Lua cheia
E sobre as esteiras
A sombra de um pinheiro"
(Barthes, 2007b, p. 110).

4. Considere a situação-problema a seguir, citada de Barthes (2007b, p. 31), em *O Império dos Signos*:

O aparato crítico do livro (Barthes, 2007b, p. 151-152) comenta acerca de uma pintura caligrafada por Yokoi Yayū (1702-1783), chamada *A colheita de cogumelos* [*Kinoko-gari*]. Nota-se também que,

> [...] quando procuram cogumelos, os japoneses levam uma haste de samambaia ou, como nesta pintura, uma farpa de palha na qual enfiam os cogumelos. Pintura *haiga*, sempre ligada ao haicai, poema breve em três versos:
>
> *Ele se torna cúpido também,*
> *baixando o olhar*
> *sobre os cogumelos*
> (*Ibid.*)

Abaixo da imagem, em letra cursiva, lemos em francês "Onde começa a escritura? / Onde começa a pintura?".
Considerando essas informações, discuta a afirmação de Barthes em função da pintura *haiga*.

5. Considere o *koan* abaixo:

> Era uma vez um monge que acompanhou um sacerdote budista [não do Zen] até um templo budista. Lá, o monge cuspiu na estátua de Buda. O sacerdote disse: "Você não tem vergonha! Por que cuspiu em Buda?" O monge respondeu: "Mostra um lugar onde Buda não está para eu cuspir lá." O sacerdote ficou sem palavras (Hoffmann, 1977, p. 69).

a. Encontre uma definição para o gênero textual *koan*. Reporte-a brevemente.

b. Em uma das aulas dos seminários em *O Neutro*, Barthes disse:

> Regras Zen da antipertinência. Desestabilização da lógica do eu-social, desestabilização da pertinência: Procura, sistematizada, praticada pelo Zen, de produzir na consciência essa espécie de flash vazio que é *satori* ("iluminação": impróprio: nada se vê, a não ser, talvez, que nada há para se ver"). Essa técnica: a do *koan*: questão ou tema dado para "resolução" (palavra ruim: não se trata de lógica) pelo discípulo, para pôr o discípulo à prova. *Kuang-an* = "complicações", vinhas e glicínias, ramos entremesclados (a imagem vem a calhar para nossas linhas de pertinência). Uma variedade do *koan* é o *mondo*, caso ou diálogo (nosso exemplo de incongruência era um *mondo*). [...]
> Suzuki, II, 622
> Conselhos sobre o Zen e o *koan*:
> 1. Não calcule segundo sua imaginação.
> 2. Não deixe que sua atenção se distraia quando o mestre levanta as sobrancelhas ou pisca.
> 3. Não tente extrair sentido do modo como o *koan* é formulado.
> 4. Não tente fazer demonstração com as palavras.
> 5. Não pense que o sentido do *koan* deve ser apreendido ali onde é proposto como objeto de pensamento.
> 6. Não tome o Zen como um estado de simples passividade.
> 7. Não julgue o *koan* segundo a lei dualista de *iu* (sânscrito *asti*, "é") e *u* (sânscrito *nasti*, "não é").
> 8. Não considere o *koan* como algo que designa o vazio absoluto.
> 9. Não raciocine sobre o *koan*.
> 10. Não deixe seu espírito na atitude de esperar que o *satori* apareça.

A partir de sua resposta no item anterior e do excerto motivador, responda: como a forma, o conteúdo e a definição de *koan* aproximam-se do trecho barthesiano citado?

PARA SABER MAIS

- *Roland Barthes: uma biografia intelectual*, por Leda Tenório da Motta (2011). Na primeira obra detalhada sobre o crítico literário e pensador da cultura contemporânea publicada no Brasil, a autora analisa a obra de Barthes, destacando seus conceitos e sua influência intelectual.
- *Império dos Signos*, coletânea organizada pelo professor japonês Yoshihiko Ikegami (1991). Respondendo ao primeiro livro, homônimo de Roland Barthes, este outro *O Império dos Signos* reúne ensaios que abordam temas como tradições, comportamento não verbal, impessoalidade e intertextos na Música e Literatura do Japão.
- Site oficial de Roland Barthes [https://www.roland-barthes.org]. Espaço dedicado à obra do autor, conta com uma rede de pesquisadores internacionais, dentre os quais estão os brasileiros Rodrigo Fontanari, Leyla Perrone-Moisés e Leda Tenório da Motta. O site é atualizado regularmente com publicações, arquivos e eventos barthesianos.

REFERÊNCIAS

BARTHES, Roland. *Novos ensaios críticos, seguidos de O grau zero da escritura*. São Paulo: Cultrix, 1986.

BARTHES, Roland. *A aventura semiológica*. Tradução de Mario Laranjeira. São Paulo: Martins Fontes, 2001.

BARTHES, Roland. *Elementos de Semiologia*. São Paulo: Cultrix, 2003a.

BARTHES, Roland. *O Neutro*: anotações de aulas e seminários ministrados no Collège de France, 1977-1978. Tradução de Ivone Castilho Benedetti. São Paulo: Martins Fontes, 2003b.

BARTHES, Roland. *Aula*: aula inaugural da Cadeira de Semiologia Literária do Colégio de França pronunciada dia 7 de janeiro de 1977. Tradução de Leyla Perrone-Moisés. São Paulo: Cultrix, 2004.

BARTHES, Roland. *Mitologias*. Tradução de Rita Buongermino, Pedro de Souza e Rejane Janowitzer. Rio de Janeiro: Difel, 2007a.

BARTHES, Roland. *O Império dos Signos*. Tradução de Leyla Perrone-Moisés. São Paulo: Editora Martins Fontes, 2007b.

BARTHES, Roland. *Fragmentos de um discurso amoroso*. Tradução de Hortênsia dos Santos. São Paulo: Editora Unesp, 2018.

BEAUVOIR, Simone de. *Os mandarins*. Tradução de Hélio de Souza. Rio de Janeiro: Nova Fronteira, 2003.

BÍBLIA. Gênesis 32:23-29. *In*: BÍBLIA Sagrada Online. Disponível em: https://www.bibliaon.com/versiculo/genesis_32_23-33/. Acesso em: 1 set. 2024.

FONTANARI, Rodrigo. A concepção de vazio em Roland Barthes. *Alea*, Rio de Janeiro, v. 20, n. 3, p. 37-53, dec. 2018. Disponível em: http://old.scielo.br/scielo.php?script=sci_arttext&pid=S1517-106X2018000300037&lng=en&nrm=iso. Acesso em: 28 ago. 2024. https://doi.org/10.1590/1517-106x/2033753.

HOFFMANN, Yoel. *The 100 koans of Master Kido, with the answers of Hakuin-Zen*. Brookline: Autumn Press, 1977.

IKEGAMI, Yoshihiko (org.). *The Empire of Signs*: Semiotic Essays on Japanese Culture. Amsterdam, Philadelphia: John Benjamins, 1991.

KRISTEVA, Julia. (org.) *La traversée des signes*. Paris: Les Éditions du Seuil, 1975.

KRISTEVA, Julia. *Os samurais*. Tradução de Maria Helena F. Martins. Rio de Janeiro: Rocco, 1996a.

KRISTEVA, Julia. *Sens et non-sens de la révolte*: pouvoirs et limites de la psychanalyse. Paris: Fayard, 1996b.

KRISTEVA, Julia. *La voix de Barthes*. 2008. Disponível em: http://www.kristeva.fr/barthes.html. Acesso em: 30 ago. 2024.

LELEU, Clémence. *Roland Barthes et le Japon*. Pen Online, 28 abr. 2020. Disponível em: https://pen-online.com/fr/culture/roland-barthes-et-le-japon/. Acesso em: 28 ago. 2024.

MOTTA, Leda Tenório da. *Roland Barthes*: uma biografia intelectual. São Paulo: Iluminuras/Fapesp, 2011.

POE, Edgar A. The Facts of M. Valdemar's Case. *The American Review*: A Whig Journal of Politics, Literature, Art, and Science, v. 2, n. 6, p. 561-572, dez. 1845. Disponível em: https://en.wikisource.org/wiki/The_American_Review:_A_Whig_Journal_of_Politics,_Literature,_Art,_and_Science/Volume_02/December_1845/The_Facts_of_M._Valdemar%27s_Case. Acesso em: 1 set. 2024.

JACQUES DERRIDA

BIOGRAFIA

Jacques Derrida, nascido em 1930 em El-Biar, Argélia, foi um filósofo francófono de origem judaica que se tornou uma das figuras mais proeminentes do Pós-Estruturalismo e da Filosofia Contemporânea. Após se mudar para a França, Derrida estudou na École Normale Supérieure, onde desenvolveu sua formação em Filosofia. Ele foi influenciado por filósofos como Edmund Husserl, Martin Heidegger e Emmanuel Lévinas, que moldaram suas ideias sobre a Desconstrução, conceito central em sua obra, desafiando hierarquias e dualidades estruturadas em textos de vários gêneros. Derrida lecionou em universidades ao redor do mundo e escreveu extensivamente sobre temas como Linguagem, Ética e Psicanálise, até sua morte em 2004.

A obra de Jacques Derrida atraiu tanto admiração quanto controvérsia, devido à abordagem inovadora e muitas vezes difícil de compreender. Seus textos, como *Gramatologia* e *A escritura e a diferença*, introduziram conceitos que agitaram a Teoria Literária e a Filosofia, questionando processos estruturais de significação ao realizar uma escrita acadêmica nada padrão. A profundidade e complexidade de suas ideias continuam a ser um ponto de estudo e debate entre acadêmicos, consolidando Derrida como um autor-chave, entre Estruturalismo e Pós-Estruturalismo.

A relação de Jacques Derrida com Roland Barthes e Julia Kristeva foi marcada por breves contatos e uma influência intelectual compartilhada, embora suas trajetórias tenham sido distintas. Todos os três estavam envolvidos no ambiente intelectual efervescente da França do Pós-Guerra, contribuindo para revistas e participando de debates sobre Teoria Literária e Crítica Cultural. Embora tenha sido publicado na Editora Seuil pela coleção *Tel Quel*, presidida por Philippe Sollers, marido de Kristeva, Derrida seguiu um caminho independente do grupo *Tel Quel*. De qualquer forma, a interseção de ideias e a citação ocasional mostram um diálogo produtivo entre seus trabalhos, destacando a importância que tiveram na formação da linhagem pós-estruturalista e na redefinição de paradigmas relativos à Semiologia e à Semiótica.[15]

BIBLIOGRAFIA

Como um dos autores mais influentes do século XX, a obra de Jacques Derrida abrange uma vasta gama de temas, de Filosofia a Crítica Literária. Ativo principalmente entre as décadas de 1960 a 2000, Derrida é amplamente conhecido por sua abordagem radical em Filosofia, particularmente no que diz respeito à linguagem e textualidade. Seus trabalhos trazem conceitos como a Desconstrução, a Presença e a Ausência, o Ontofalologocentrismo, bem como a relação entre texto e significação. Com ênfase na complexidade e na ambiguidade, Derrida propôs um novo estilo para a prosa do pensamento, da filosofia e da teoria.

Entre seus livros mais célebres, já nos anos 1960, destaca-se *Gramatologia* (Derrida, 2019), um texto básico de crítica à tradição filosófica mediterrânea, introduzindo a Gramatologia, ciência dos traços e rastros, escritos e inscritos, sob a forma de uma Semiologia da Escritura. Na mesma época, Derrida também publicou *A escritura e a diferença* (*Id.*, 2011) e *A voz e o fenômeno: introdução ao problema do signo na fenomenologia de Husserl* (*Id.*, 1996), os quais exploram relações entre linguagem e metafísica, além de oferecer uma crítica de tradições filosóficas recentes, como a fenomenologia husserliana, a ontologia heideggeriana e a teologia levinasiana.

No campo da Semiótica, Jacques Derrida também deixou uma marca significativa. Em *Margens da Filosofia* (*Id.*, 1991), notadamente em "O poço e a pirâmide: introdução à Semiologia de Hegel", ele examina a relação entre Filosofia e Semiologia, avaliando o papel dos signos dentro do pensamento filosófico. Em *La dissémination* (*A disseminação*) (*Id.*, 1972a), Derrida experimenta com a dispersão dos significantes em significados e o papel dos jogos de linguagem na significação, radicalizando as consequências de uma prosa na qual som se torna sentido e o sentido, som. Em ambos os livros,

Derrida habita uma dimensão performativa dos signos filosóficos, fazendo a prosa do pensamento adquirir uma forma outra, a ser chamada de Desconstrução.

Por fim, convém anotar a Semiologia Literária de Derrida, ainda pouco traduzida no Brasil, diferentemente daquela de Barthes ou Kristeva. Em *Signsponge* (*Signesponja*) (*Id.*, 1984), *Ulysse gramophone* (*Ulisses gramofone*) (*Id.*, 1987) e *Antonin Artaud: dessins et portraits* (*Antonin Artaud: desenhos e retratos*) (Thevenin; Derrida, 1986), Derrida abandona a postura objeto-orientada de semiólogos mais estruturais para forjar um labirinto de leituras, onde a diferença entre significado e significante está comprometida. Em *Signesponja*, Derrida joga com as possibilidades de ressignificação de dado signo, a bem saber, a Ciência da Franca Esponja de Francis Ponge; em *Ulisses Gramofone*, trata da relação entre a escritura e escuta, desestabilizando as noções de linearidade e temporalidade; em *Antonin Artaud: desenhos e retratos*, Derrida discorre sobre os cadernos de Artaud, nos quais escritura e gravura se confundem em uma semiose delirante. Nesses livros, ao trabalhar sua própria prosa intelectual como jogo de linguagem sistemático, Derrida oscila entre o comentário literário-filosófico e o colapso total entre semiólogo e signo, desconstruindo sujeito e objeto, texto e contexto, leitura e escritura.

Em resumo, a bibliografia de Jacques Derrida abrange uma variedade de temas, da Teoria Literária à Semiótica. Suas obras aqui mencionadas rompem com a Filosofia e a Crítica Textual circulante no século XX, por conta da escrita singular de Derrida como acadêmico não padrão. Na seção seguinte de conceitos-chave, exploraremos mais detidamente a abordagem de Derrida contribuinte às Teorias dos Signos.

CONCEITOS-CHAVE

Nesta seção, selecionamos dois conceitos de Jacques Derrida: Gramatologia e Desconstrução. O primeiro corresponde ao estudo da escrita como um sistema de signos que não se restringe à representação da fala, mas que possui uma lógica própria, a escritura, sobre a qual uma nova ciência versaria, a Gramatologia. O segundo refere-se um estilo derridiano de análise, que visa enunciar os jogos de significantes e significados em dados textos, reavaliando suas estruturas metafísicas binárias e hierárquicas. Com isso, seguirão os exercícios para praticar os estudos acerca de Derrida e da Semiótica Francesa Pós-Estruturalista.

O livro *Gramatologia*, de Jacques Derrida (2019), oferece uma detalhada semiologia da relação entre fala e escrita ao longo da história da filosofia ocidental. Derrida argumenta que a escrita tem sido consistentemente rebaixada em relação à fala, que é privilegiada por sua imediatez e transparência. Tal preferência é fundamentada em uma Metafísica da Presença, que idealiza a fala como uma forma de comunicação mais direta e autêntica, enquanto a escrita é vista como mera representação, marcada pela materialidade e pela opacidade.

Ao comentar autores como Saussure, Rousseau e Lévi-Strauss, Derrida desenvolve o conceito de arquiescritura, uma forma primordial de escrita que precede e possibilita tanto a fala quanto a escrita. Derrida propõe que a escritura, com seu sistema de diferenças e deferimentos, aponta para uma nova forma de compreender a significação.

Recuperando o vocabulário básico da Semiologia saussuriana, nota-se como a relação entre a Semiologia de Saussure e a Gramatologia de Derrida é ambivalente, marcada por um movimento duplo de dependência e recusa. Derrida reconhece a importância do trabalho de Saussure, especialmente sua ênfase na arbitrariedade do signo linguístico e na diferença como fonte de valor.

De fato, esses conceitos são vistos como inovadores e fundamentais para uma renovação nas Ciências da Linguagem. Derrida, porém, faz críticas à Semiologia de Saussure, particularmente à tendência semiológica de se perpetuar uma sobredeterminação do significado por sobre o significante. Saussure, apesar de suas contribuições valiosas, ainda estaria circunscrito em uma tradição logocêntrica que privilegia a fala em detrimento da escrita, o significado mental em detrimento do significante material, o virtual abstrato atrás do real concreto. Essa hierarquização reflete a chamada Metafísica da Presença, isto é, uma postura favorável a um ser substancial ou a uma presença, mediadas por mais ou menos signos, orais ou escriturais.

Para Derrida, a desconstrução da terminologia e da hierarquia entre fala e escrita marca o início de uma reviravolta nos Estudos dos Signos. Ele propõe a Gramatologia como um campo de estudo que vá além da Semiologia, investigando fala, escritura e cultura, sem privilegiar qualquer uma delas. Entrevistado por Julia Kristeva em *Semiologia e Gramatologia*, Jacques Derrida resume sua ruptura com a Semiologia, delineando esta Ciência negativa da Gramatologia que a redefinisse fundamentalmente:

A Gramatologia deve desconstruir tudo o que liga o conceito e as normas de cientificidade à ontoteologia, ao logocentrismo, ao fonologismo. É uma obra imensa e interminável que deve incessantemente impedir que a transgressão do projeto clássico da ciência caia na construção de empirismos pré-científicos. Isso supõe uma espécie de *duplo registro* na prática gramatológica: devemos ir além do positivismo metafísico ou do cientificismo e acentuar o que o trabalho eficaz da ciência contribui para libertá-la das hipotecas metafísicas que pesam sobre a definição e seu movimento a partir de sua origem. É preciso perseguir e consolidar o que na prática científica sempre começou além do fechamento logocêntrico. [...]

Pela mesma razão, não é o trabalho semiótico *científico* que não serve à Gramatologia. E sempre se poderá trazer de volta, contra as pressuposições metafísicas de um discurso semiótico, os motivos gramatológicos que a ciência aí produz. É a partir do motivo formalista e diferencial presente no *Curso* de Saussure que se pode criticar o psicologismo, o fonologismo, a exclusão da escritura que lá não estão mais presentes. Da mesma forma, na Glossemática de Hjelmslev, a crítica do psicologismo saussuriano, a neutralização das substâncias de expressão, logo do fonologismo, o "estruturalismo", o "imanentismo", a crítica da metafísica, a temática do jogo etc.; daí se tiram todas as consequências, devendo-se excluir toda uma conceitualidade metafísica empregada ingenuamente (o par expressão/conteúdo na tradição do par significante/significado, a oposição forma/substância aplicada a cada um dos dois termos precedentes; o "princípio empírico" etc.). Pode-se dizer *a priori* que em toda proposição ou em todo sistema pesquisa semiótica, e vocês poderiam citar exemplos mais atuais melhor que eu, as pressuposições metafísicas coabitam com os motivos críticos. E justo pelo fato de que elas habitam até certo ponto a mesma linguagem, ou melhor, a mesma língua. A Gramatologia será sem dúvida menos uma outra ciência, uma nova disciplina dotada de um novo conteúdo, um novo domínio bem determinado, e mais uma prática vigilante desta partilha textual (Derrida, 1971, p. 26-27).

A Gramatologia anunciava o que só depois dos anos de 1970 ficou conhecido por Desconstrução (Royle, 2000). O termo "Desconstrução", referindo-se a uma ação sobre um *structum*, isto é, um arranjo, uma disposição ou uma construção, circula na obra de Jacques Derrida também em referência à contribuição de Heidegger (2014) para uma Destruição da Metafísica, que o filósofo francês viu inacabada, a ser continuada. Outra instância deste conceito está em Husserl (2004). Na Fenomenologia, História do Sentido e Filosofia da Significação husserlianas, Derrida encontra traços da mesma presença exterior aos signos, que estrutura o pensamento ocidental desde Platão. Temos, assim, o seguinte resumo à tarefa da Desconstrução:

> Aqui a desconstrução não é a passagem da estabilidade – garantida pela ideia de centro – para a "modernidade líquida", mas é a apreensão da flexibilidade e do descentramento; e a *différance* não se refere mais ao *logos*, mas a forças que não se estabilizam em uma identidade, trazendo consigo o conceito freudiano de *Entstellung* – deformação e deslocamento, pois a "*défiguration*" diz respeito a uma incerta territorialização. Diferença e diferenciação, presentes no diferir, no adiamento, envolvem o tempo. [...] Babelizando a origem, Derrida expõe sua crítica ao princípio de identidade, desconstrução que se aproxima da

análise em seu sentido próprio: "Desconstrução não é sinônimo de 'destruição'. De fato, ela é muito mais próxima do sentido original da palavra 'análise' que, etimologicamente, significa 'desfazer', um sinônimo virtual de 'des-construir' [...]. Se algo é destruído em uma leitura desconstrutiva, não é o texto, mas a pretensão de uma dominação inequívoca de um modo de significar sobre um outro. Uma leitura desconstrutiva é uma leitura que analisa a especificidade de uma diferença crítica do texto por si mesmo" (Matos, 2018, p. 278, 315).

Dois dos operadores mais importantes para a Desconstrução são, por um lado, a Literatura, pela mobilização de signos sem compromisso com os estilos da verdade, realidade ou gramaticalidade, e, por outro, a Tradução, pela irredutibilidade dos signos, ou seja, a arbitrariedade da relação entre palavras e coisas, palavras e coisas-palavras. O livro *Glas* (Derrida, 1974) e sua tradução comentada para o inglês (Leavey; Ulmer; Derrida, 1986) são talvez o melhor exemplo disso. *Glas* desafia o bom senso e bom gosto das convenções literárias e filosóficas acadêmicas francesas ao combinar, em duas colunas, textos filosóficos de Hegel com fragmentos literários de Jean Genet. A tradução para o inglês enfrenta o desafio de manter essa complexidade, expondo ainda mais as limitações e maximizando as possibilidades do ato tradutório.

Ao hesitar quanto à correspondência fácil e imediata entre signos e ao destacar as múltiplas camadas de sentido, tanto o original quanto a tradução são a própria Desconstrução em ato, na qual os signos são constantemente deslocados e redefinidos. É por isso que Derrida inspira uma escola inteira de críticos literários e tradutores, os desconstrucionistas de Yale, e Derrida ele mesmo é um crítico literário da tradução, ou melhor, um crítico-escritor, como mostram suas incursões em Mallarmé, Joyce, Artaud e Ponge.

EXERCÍCIOS

1. A título de verificação de leitura, assinale a alternativa correta que resume o capítulo sobre Derrida:

   a. O capítulo explora somente a teoria da desconstrução de Derrida, concentrando-se em como ele questiona as dicotomias tradicionais e os fundamentos da filosofia ocidental. O objetivo é entender como Derrida aplica a desconstrução para revelar a instabilidade dos conceitos e a ausência de significados fixos. Os objetos principais são textos filosóficos e literários. As bases epistemológicas são a Desconstrução e a Filosofia Continental.

   b. O capítulo examina a influência de Derrida na crítica literária, com foco na desconstrução das narrativas tradicionais. O objetivo é mostrar como Derrida revolucionou a interpretação textual ao enfatizar a pluralidade de significados e a instabilidade do texto. Os objetos são narrativas clássicas e modernas. As bases epistemológicas incluem a Desconstrução e a Teoria Literária Pós-Estruturalista.

   c. O capítulo analisa dois conceitos-chave na obra de Derrida: a Gramatologia e a Desconstrução. Ele explora como Derrida utiliza a Gramatologia para desafiar a primazia da fala sobre a escrita e para questionar as estruturas metafísicas tradicionais. O objetivo é entender como Derrida articula uma filosofia que desconstrói binarismos e hierarquias de sentido. Os objetos são textos filosóficos e literários. As bases epistemológicas incluem a Desconstrução e a Crítica da Metafísica Ocidental.

d. O capítulo oferece uma visão geral das contribuições de Derrida à crítica cultural, com foco em sua análise dos discursos de poder e marginalidade. O objetivo é explicar como Derrida utiliza a desconstrução para questionar as estruturas de poder e exclusão na sociedade. Os objetos são discursos políticos e culturais. As bases epistemológicas incluem a Desconstrução e a Teoria Crítica.

e. O capítulo analisa a influência de Derrida na teoria da tradução, destacando sua abordagem para a tradução como um ato de criação e transformação. O objetivo é comparar a teoria da tradução de Derrida com outras abordagens tradicionais. Os objetos são textos traduzidos e suas interpretações. As bases epistemológicas são a Desconstrução e a Teoria da Tradução.

2. Em *A crise do ensino filosófico*, conferência pronunciada em Cotonou (Benin), na abertura de um colóquio internacional reunindo filósofos africanos francófonos e anglófonos em dezembro de 1978, Jacques Derrida disse:

Pois creio – e digo isso brevemente, mas sem facilidade demagógica ou deferência convencional em relação aos meus anfitriões, antes como esse tipo de africano desenraizado que sou, nascido em Argel, em um meio sobre o qual sempre será difícil dizer se colonizador ou colonizado – que, entre a efetividade da época desconstrutora e a efetividade das descolonizações, a concatenação histórica é necessária, irreversível e, de cabo e rabo, significativa (Derrida, 1990, p. 160-161).

Acerca desse aspecto biográfico, em *Derrida e o monolinguismo: da razão pura à razão marrana*, Olgária Matos comentou:

O exílio, o isolamento e a solidão revelam o que o conforto sedentário e a adequação a si mesmo dissimulam. Essa perda repentina da cidadania e da língua desconstrói a ilusão identitária, afetiva ou territorial: "Imagine, pense em alguém que cultivasse o francês. O que se denomina francês. E que o francês cultivaria. E que, cidadão francês ainda por cima, seria esse sujeito, como se diz, de cultura francesa. Ora, um dia, este sujeito de cultura francesa viria dizer a você, em bom francês: 'Eu só tenho uma língua e ela não é minha'". Entre 1940 e 1943, a comunidade judaica da Argélia foi privada de cidadania e nacionalidade "sem poder recuperar nenhuma outra. Nenhuma". Eis assim uma comunidade – que falava somente o francês "colonizado", sem manter praticamente laços com a tradição judaica e com as línguas locais, como o árabe e o kabile – em desintegração. Exilado na própria terra, vivendo um êxodo na imobilidade, o perseguido vê-se excluído do campo jurídico, reduzido ao *homo sacer* e à "vida nua". O estrangeiro já não é quem vem de fora, mas aquele que não está em seu lugar em nenhum lugar.

JACQUES DERRIDA

Em estado de "vazio radical", Derrida pode compreender que a transmissão de uma língua não é nem natural nem artificial, desenvolvendo suas reflexões em plena vigência da Linguística de Saussure, do Estruturalismo de Lévi-Strauss e, mais recentemente, do *Linguistic Turn* e da Virada Semiológica (Matos, 2018, p. 273-274).

Analise as afirmações a seguir e assinale (V) para verdadeiro ou (F) para falso:

a. Derrida, em sua conferência *A crise do ensino filosófico*, sugere que há uma relação irreversível entre a desconstrução e as descolonizações.

( ) V ( ) F

b. Derrida nasceu na Argélia e, no discurso, identifica-se como um africano desenraizado, o que reflete sua condição de estar entre colonizador e colonizado.

( ) V ( ) F

c. A reflexão de Derrida sobre a língua francesa o levou a afirmar que, embora só possuísse uma língua, essa língua não era sua, o que reflete uma desconstrução da identidade linguística.

( ) V ( ) F

d. Olgária Matos, ao comentar sobre Derrida, aponta que a comunidade judaica da Argélia manteve fortes laços com a tradição judaica e com as línguas locais, como o árabe e o kabile.

( ) V ( ) F

e. A perda repentina da cidadania e da nacionalidade pela comunidade judaica da Argélia é vista por Derrida como um evento que desconstrói a ilusão identitária.

( ) V ( ) F

f. Derrida, influenciado pelo Estruturalismo de Lévi-Strauss e pela Linguística de Saussure, desenvolveu suas reflexões sem considerar a Virada Semiológica e o *Linguistic Turn*.

( ) V ( ) F

g. A condição de "exilado na própria terra" descrita por Olgária Matos reflete o conceito de Derrida sobre o estrangeiro, que não está em seu lugar em nenhum lugar.

( ) V ( ) F

h. Derrida considera a transmissão de uma língua como um processo exclusivamente natural, sem influências artificiais ou culturais.

( ) V ( ) F

3. Assim como Kristeva e Barthes, Derrida também tratou de signos não verbais em seus livros. Um destes seria *La vérité en peinture* (*A verdade na pintura*), livro de ensaios publicado em 1978. A obra, dividida em quatro partes, explora temas como o conceito de *parergon* em Kant, a estética hegeliana, o sublime e a análise da obra de arte, incluindo discussões sobre exposições de artistas como Valerio Adami e Gerard Titus-Carmel, além de uma reflexão sobre a crítica de Meyer Schapiro à interpretação de Heidegger sobre os *Sapatos* de Van Gogh. Outro livro seria *Torn(e)ar*

as palavras: à beira-filme, que surgiu da colaboração texto-audiovisual entre Jacques Derrida e a artista egípcia Safaa Fathy. Publicado em 2000, tal obra multimídia explora as fronteiras entre Filosofia, Cinema e Literatura, tratando de memória, linguagem e morte, nela estando contidas reproduções em página do filme e de fotos por Fathy e Derrida.

Isso posto, encontre a correspondência entre as imagens em domínio público extraídas desses livros, em números romanos, e as palavras que delas tratam, em letras minúsculas:

SEMIÓTICA FRANCESA

(a) "Fariam ou não as sandálias parte do retrato dos Arnolfini, esse extraordinário contrato de casamento sem outro testemunho que o Pintor, que, acima de um espelho que o olha, inscreveu '*Johannes de Eyck fuit hic, 1434*', transformando assim uma pintura em uma certidão de casamento *per fidem* (que pode prescindir de testemunhas), em uma cena cujo texto pictórico deveria constituir um grande desafio a novas análises? Aqui não, depois. Assinalo só que as sandálias de quem contrai matrimônio segundo a Fé estão retiradas, abandonadas, à parte, à esquerda do quadro e, o outro par, entre os dois cônjuges, ao fundo e no centro do quadro, sob a mesa, sob o espelho e sob a inscrição do pintor. Explicação de Panofsky: ei-las, como outros símbolos típicos da fé, sinalizando a presença do sagrado" (Derrida, 1978, p. 399).

(b) "Derrida, sem precisar ser ouvido, falava da mãe e do quadro: da escrita enlutada de *Circonfissão*, uma vigília, a vigília da mãe, que ainda não havia morrido. Uma escrita que morria com a morte de mãe. E foi na montagem que ficamos surpresos com a memória sedimentada, associada à visão do quadro de El Greco. Pois a primeira vez que Jacques o viu foi em 1989, exatamente um ano após o falecimento anunciado de sua mãe, da qual ela havia finalmente retornado. O aniversário de sua não morte, de certa forma. Que configuração da memória. Não nos lembramos apenas do evento, mas também de seu não lugar, do aniversário do não evento que foi quase o evento da morte de sua mãe. Assim como vigiar uma mãe que ainda não havia morrido. Será que morremos mais de uma vez?" (Derrida; Fathy, 2000, p. 147).

(c) "Esta circunstância atenuante está relacionada ao contexto. [...] Ela não consiste apenas no grande número de camponeses e camponesas, de sapatos de camponeses (separados ou não, nomeados, declarados, intitulados ou não) pintados, antes *e depois* de 1886, no grande número de cenas e objetos da vida camponesa que ele se esforçou para restituir em pintura e em verdade. [...] Não. Ela consiste no seguinte: a 'ideologia', digamos para simplificar, rural, terrena, de raiz, artesanal. [...] Esses signos (pintura e escritos sobre pintura) são muito abundantes e conhecidos. Não os exageremos. 'Ideologia' camponesa e artesanal na pintura, preocupação com a verdade na pintura" (Derrida, 1978, p. 420, adaptado).

(d) "Escrevo aqui quatro vezes em torno da pintura. Na primeira, ocupado em dobrar a grande questão filosófica da tradição ("O que é a arte?", "o belo?", "a representação?", "a origem da obra de arte?" etc.) à atópica insistente do *parergon*: nem obra [*ergon*], nem fora da obra, nem dentro, nem fora, nem acima, nem abaixo, ele desconcerta toda oposição, mas não segue indeterminado e dá origem à obra. Não é só seu entorno. O que ele põe para jogo – as instâncias do quadro, do título, da assinatura, da legenda etc. – não deixa mais de desrazoar a ordem interna do discurso sobre a pintura, suas obras, seu comércio, suas avaliações, suas mais-valias, sua especulação, seu direito e suas hierarquias" (Derrida, 1978, p. 14).

4. Jacques Derrida escreveu livros-objetos, que confundem textualidade com visualidade. Referimo-nos respectivamente ao ensaio "Tímpano" em *Margens da Filosofia* (Derrida, 1972b, p. 1) e *Glas* (Derrida, 1974, p. 7). No primeiro, temos caixas de texto espalhadas pelas páginas, nas quais se versa sobre os limites do discurso filosófico. Derrida lança mão de recursos de sonoridade, aliterações e rimas internas para uma textura sônico-visual da prosa do pensamento. No segundo, temos um livro híbrido

e experimental em que Derrida opera com duas colunas paralelas e uma tipografia diferenciada para confundir Filosofia e Literatura, tal que tratar de Hegel à esquerda e de Genet à direita serve como insígnias dessa indiferenciação. Em certo sentido, *Tímpano* prepara o terreno para *Glas*, constituindo um tipo muito singular de escritura para-acadêmica e não filosófica.

Dito isso, considere os excertos abaixo, também de *Glas* e de *Tímpano*, respectivamente:

> Os blens, tais quais os teremos ouvido, soam o fim da significação, do sentido e do significante. Fora que, não para fazer oposição, muito menos para fazer aposição, notamos a assinatura que, através de seu nome, a despeito do que se chama assim, não significa mais.
> Ao *não mais* significar, a assinatura [...]
> não está mais na ordem nem é da ordem da significação, do significado ou do significante.
> Logo – o que emite um dobre de blem é que a flor, por exemplo, em tanto que signo, não significa mais nada (Derrida, 1974, p. 39-40).

> Entre a seda do grande *tímpano* e a do pequeno são colocados os tecidos (em cetim ou em merino, se se quiser obter uma impressão menos seca), o cartão e a preparação. Os *tímpanos* devem ser cuidadosamente conservados e renovados desde que começam a ficar usados (Derrida, 1991, p. 29).

a. No que tange à descrição da paginação de *Margens da Filosofia* e *Glas*, discuta como a forma com que o texto está diagramado afeta a convenção visual, a legibilidade e a linearidade da escrita acadêmico-filosófica.

b. No que tange aos excertos citados, discuta como seu estilo de escrita afeta a sonoridade, transparência e inteligibilidade do conteúdo da prosa acadêmico-filosófica.

5. Entre o final dos anos 1970 e início dos 1980, Jacques Derrida redigiu um livro que, na versão final, acabou sendo chamado *Signesponja*. Nele, em jogos de palavra e intertextos, temos uma Ciência do Acaso da Franca Esponja, no caso, de Francis Ponge (1899-1988), importante poeta francês. A respeito disto, foi dito que "[...] estamos no limiar de tal ciência, a qual entretém com o nome de 'ciência' uma relação deveras singular" (Derrida, 1984, p. 117). A partir da leitura do capítulo, discuta como Derrida em particular e a Semiótica Pós-Estruturalista em geral entretêm uma relação "deveras singular" com o estilo tanto semiológico quanto científico.

PARA SABER MAIS

- *Machines textuelles: déconstruction et libido d'écriture* (Máquinas textuais: desconstrução e libido de escritura), por François Laruelle (1976). Não traduzido ao português, escrito pelo colega de Derrida pouco estudado no Brasil, o livro é um comentário contundente, mas engenhoso, aos textos derridianos, ainda aplicável a seus escritos posteriores, sobretudo aos finais. Discutem-se os invariantes filosóficos não desconstruídos na Semiologia de Derrida, postos em causa pelo bárbaro projeto de Laruelle, chamado de Ciência da Filosofia, Não Filosofia ou Filosofia Não Padrão. Temos aqui uma verdadeira Não Semiologia Francesa Pós-Estruturalista, merecedora de maiores estudos.

- *Lectures de Derrida* (Leituras de Derrida), por Sarah Kofman (1984). Também ainda não traduzido para o português, escrito por uma colega de Derrida e ex-orientanda de Gilles Deleuze, o livro oferece uma sequência de ensaios sobre temas derridianos diversos. Diferente de Laruelle, a autora trata das nuances da escrita de Derrida, constituindo um comentário digno de mais nota.

- Base de dados *Return to Cinder* [https://returntocinder. com]. Inspirado pela obra de Jacques Derrida, *Return to Cinder* leva no nome um jogo de palavras igualmente derridiano, cuja tradução fica entre "Retornar ao remetente" e "Retornar às cinzas". Organizado em torno de centenas de motivos, o site permite aos usuários explorarem a vasta gama de tópicos abordados por Derrida, através de excertos com referências suficientes para rastrear a fonte original.

REFERÊNCIAS

DERRIDA, Jacques. Sémiologie et Grammatologie. *In:* KRISTEVA, Julia; REY-DEBOVE, Josette; UMIKER, Donna Jean (orgs.) *Essays in Semiotics, Essais de Sémiotique.* Paris: Mouton, 1971.

DERRIDA, Jacques. *La dissémination.* Paris: Les Éditions du Seuil, 1972a.

DERRIDA, Jacques. *Marges de la philosophie.* Paris: Éditions de Minuit, 1972b.

DERRIDA, Jacques. *Glas.* Paris: Éditions Galilée, 1974.

DERRIDA, Jacques. *La vérité en peinture.* Paris: Flammarion, 1978.

DERRIDA, Jacques. *Signéponge = Signsponge.* Tradução de Richard Rand. New York: Columbia University Press, 1984.

DERRIDA, Jacques. *Ulysse gramophone*: deux mots pour Joyce. Paris: Éditions Galilée, 1987.

DERRIDA, Jacques. *Du droit à la philosophie*. Paris: Éditions Galilée, 1990.

DERRIDA, Jacques. *Margens da Filosofia*. Tradução de Joaquim Torres Costa e António M. Magalhães; revisão técnica de Constança Marcondes Cesar. Campinas: Papirus, 1991.

DERRIDA, Jacques. *A voz e o fenómeno*: introdução ao problema do signo na fenomenologia de Husserl. Lisboa: Edições 70, 1996.

DERRIDA, Jacques; FATHY, Safaa. *Tourner les mots*: au bord d'un film. Paris: Galilée, 2000.

DERRIDA, Jacques. *A escritura e a diferença*. Tradução de Maria Beatriz Marques Nizza da Silva, Pedro Leite Lopes e Pérola de Carvalho. São Paulo: Perspectiva, 2011.

DERRIDA, Jacques. *Gramatologia*. Tradução de Miriam Chnaiderman e Renato Janine Ribeiro. São Paulo: Perspectiva, 2019.

HEIDEGGER, Martin. *Ser e Tempo*. Campinas/Petrópolis: Unicamp/Vozes, 2014.

HUSSERL, Edmund. *L'origine de la géométrie*. Tradução e introdução por Jacques Derrida. Paris: Press Universitaires de France, 2004.

KOFMAN, Sarah. *Lectures de Derrida*. Paris: Editions Galilée, 1984.

LARUELLE, François. *Machines textuelles*: déconstruction et libido d'écriture. Paris: Les Éditions du Seuil, 1976.

LEAVEY, John P.; ULMER, Gregory L.; DERRIDA, Jacques. *Glassary*. Lincoln: University of Nebraska Press, 1986.

MATOS, Olgária Chain Féres. *Palíndromos filosóficos*: entre mito e história. São Paulo: Unifesp, 2018.

ROYLE, Nicholas. (org.). *Deconstructions*: A User's Guide. London: Palgrave Macmillan, 2000.

THEVENIN, Paule; DERRIDA, Jacques. *Antonin Artaud*: dessins et portraits. Paris: Gallimard, 1986.

Conclusão

Semiótica Francesa: manual de teoria e prática traçou um panorama das principais contribuições dessa linhagem de Estudos dos Signos, destacando o papel fundamental de três autores que dela participaram: Julia Kristeva, Roland Barthes e Jacques Derrida. Cada um deles trouxe perspectivas inovadoras que expandiram e complexificaram a compreensão dos signos e da linguagem, à esteira da Semiologia saussuriana. Os exercícios propostos ao longo do livro serviram para aplicar as discussões em casos concretos, sem descaracterizar o estilo dos autores selecionados. Com isso, os leitores tiveram a oportunidade de experimentar com as ideias de Kristeva, Barthes e Derrida, o que não apenas facilita a assimilação dos conceitos-chave, mas também abre caminho para o estudo de mais bibliografia da área.

Este manual pode servir como o ponto de partida para uma linha de publicações dedicadas ao estudo da Semiótica Estruturalista e Pós-Estruturalista, tanto por seu caráter de material didático quanto de comunicação científica. Remediando uma falta de textos da área, ele abre caminho para manuais possíveis que explorem temas análogos. Por exemplo, seria pertinente desenvolver um novo manual sobre a Semiótica Francesa Estruturalista, abordando a Antropologia Semiológica de Lévi-Strauss, a Semântica Estrutural de Greimas e a Psicanálise Semiótica de Lacan. Da mesma forma, mais um manual voltado à Semiótica Francesa Pós-Estruturalista poderia avançar na bibliografia de que não tratamos, contemplando as incursões de Michel Foucault em Semiologia Médica e Epistemologia dos Signos, bem como as colaborações entre Gilles Deleuze e Félix Guattari, que exploram o intertexto semiológico entre Filosofia e Psicanálise.

Embora pudéssemos, e talvez vamos, nos aprofundar em nomes consagrados do Estruturalismo e Pós-Estruturalismo, é preciso reconhecer que Kristeva, Barthes e Derrida se afastam do que chamaremos de "Pós-Estruturalismo prescritivo", que culminou com a Teoria Queer e Estudos de Decolonialidade recentes, mais reformistas e normativos. Foucault, por exemplo, ao avançar em sua análise dos biopoderes, afasta-se da negatividade semiótica para se tornar um dos principais mentores políticos da contemporaneidade, com seu estilo explicativo e totalizante, bem à moda da obra de Judith Butler e Paul Preciado. Já Deleuze e Guattari, com suas ideias sobre processos de significação, transitam entre uma militância teórico-semiótica e uma filosofia voltada ao sentido positivo

CONCLUSÃO

da vida, sendo posteriormente apropriados tanto por correntes políticas quanto acadêmicas, tão progressistas quanto são prescritivistas, vide o interesse por leituras como Viveiros de Castro, Michael Hardt e Toni Negri.

Pela atenção de nossos semioticistas ao verso e reverso dos signos, temos aqui uma Semiótica que visa à geração, à degeneração e à regeneração da semiose. Nesse aspecto, a Semiótica de Kristeva, Barthes e Derrida é mais abrangente do que semióticas culturais, textuais ou naturais, que geralmente se concentram apenas em processos positivos de significação: o código, a informação ou o gênero são sempre da ordem da produtividade do sentido, não de seu falhanço. Ao contrário dessas abordagens, a Semiótica aqui discutida recebe, com Kristeva, o *nonsense*; com Barthes, o vazio; e com Derrida, o jogo de linguagem. Tal abordagem permite um rendimento semiótico maior, justo porque negativo, manifesto tanto na teoria quanto na prática dos estudos da corrente pós-estruturalista.

Concluímos assim com um ganho quantitativo e outro qualitativo. Quantitativamente, há um aumento nas evidências para os fenômenos da significação, abrangendo mais manifestações significativas, como o descodificado, o instável e o redundante, no plano do significante ou do significado. Qualitativamente, o olhar mais inclusivo daí derivado é capaz de avaliar fenômenos para além da geração positiva do sentido, incluindo aqueles que são negativos, absurdos ou desorientantes. Esse alargamento de escopo e de *corpus* não só enriquece a compreensão semiótica, como também aumenta o repertório, refinando as ferramentas analíticas disponíveis para o estudo de processos comunicacionais e significativos.

Respostas

INTRODUÇÃO

1. b)

2. a)

3. a) Verdadeira. b) Verdadeira. c) Falsa. Embora tenham origens e enfoques diferentes, Semiologia e Semiótica possuem interseções teóricas significativas, ambas estudando sistemas de signos. d) Verdadeira. e) Falsa. O Pós-Estruturalismo rejeita a ideia de significados fixos e claros, enfatizando a instabilidade e a multiplicidade dos significados. f) Verdadeira. g) Verdadeira. h) Verdadeira.

4. a) Saussure. b) A consequência é que o significado é construído dentro do sistema de signos, enfatizando a relação interna entre significante e significado, sem a necessidade de uma referência direta ao mundo externo. Isso fundamenta tanto o Estruturalismo quanto a Semiótica Pós-Estruturalista, que se concentram nas estruturas e relações internas dos sistemas de signos. Daí toda a atenção aos jogos de significante/significado na prosa semiótica de Kristeva, Barthes e Derrida, o que foi muito criticado por semioticistas naturalistas, já que isso tornaria o Estudo dos Signos mais um exercício de metalinguagem autorreferencial e menos uma teoria geral descritiva da semiose.

5. a) Circular o ramo contendo a linhagem semiológica de Saussure, desenvolvida por Lévi-Strauss, Derrida, Lotman, Greimas, Lacan, Barthes, Hjelmslev, entre outros. Está faltando

Julia Kristeva. b) Atacar esses autores como glotocêntricos significa criticar sua ênfase predominante na linguagem e na análise dos sistemas de signos linguísticos, às vezes em detrimento de outros tipos de signos ou sistemas de significação. Essa crítica indica que a natureza do objeto de estudo deles é vista como excessivamente centrada na linguagem (glotocêntrica). De fato, eram todos estudiosos das Letras, da Literatura, da Escrita e dos Signos Verbais. Isso aponta para uma limitação percebida em suas abordagens, que pode ser considerada restritiva por não abarcar a ampla diversidade de signos e processos semióticos presentes em diferentes contextos culturais e naturais. O que Deeley parece ignorar, porém, é que ele também usa mais signos verbais do que signos não verbais em sua crítica à dita linhagem glotocêntrica. A diferença, talvez ingênua, é que para eles os signos verbais são uma transparência superável pela descrição científico-naturalista da Semiótica. Para os estruturalistas e pós-estruturalistas, porém, os signos verbais, falados e sobretudo os escritos, tornam-se um fato analítico de primeira e última ordem.

RESPOSTAS

JULIA KRISTEVA

1. b)

2. a) Falso. O texto é uma homenagem à obra de Julia Kristeva, não uma crítica. b) Verdadeiro. c) Verdadeiro. d) Verdadeiro. e) Falso. Barthes elogia a obra de Kristeva por sua inovação e contribuição à Semiologia, não por conformismo e autossuficiência. f) Verdadeiro. g) Falso. O texto não critica Kristeva por suas abordagens tradicionais e conservadoras; na verdade, elogia a inovação que ela trouxe à Semiologia. h) Verdadeiro.

3. a) Semiótico, pois, mesmo na prosa tratadística da Psicanálise, Lacan projeta vocalizações que desestabilizam a inteligibilidade. b) Simbólico, pois, no caso, pesa o efeito de comentário e definição terminológica, o que vai contra o jogo do semiótico. c) Semiótico, pois pesa o jogo de linguagem, no caso, dos signos verbais neologizados, típicos de James Joyce. d) Simbólico, pois, em sendo o texto menos extravagante de James Joyce, pesa o estilo romanesco, que muito se aproxima da prosa filosófica, avesso ao jogo dos signos. e) Semiótico, pois pesam os efeitos vocais dos versos nas diversas traduções, o que os aproxima de ecolalias. f) Simbólico, pois pesam o comentário e a análise, que desmontam o jogo fluido de signos instáveis.

4. a) Estudar formas de comunicação não humanas é fundamental para ampliar a compreensão dos sistemas de signos além das limitações da linguagem verbal humana. A Semiologia tradicionalmente focava no logocentrismo, ou

seja, a ideia de que a linguagem humana, especialmente o discurso verbal, era a forma mais importante ou superior de comunicação. Este enfoque centralizado no logos (a palavra, a razão) negligencia outras formas de comunicação que não se baseiam no verbo, como as encontradas entre animais ou em sinais não verbais. Ao se considerar a comunicação não humana, os Estudos da Linguagem expandem seu campo de análise, permitindo que se entenda a comunicação como um fenômeno mais amplo, que inclui a diversidade de modos de expressão e troca de informação encontrados na natureza. Esse enfoque mais inclusivo se alinha com a Semiótica, que se propõe como uma Teoria Geral dos Signos. A Semiótica, diferentemente da Semiologia logocêntrica, abrange todos os sistemas de significação, reconhecendo que os signos podem existir em contextos muito variados e não exclusivamente verbais. Assim, estudar as formas de comunicação não humanas desafia o logocentrismo e amplia as possibilidades de análise semiótica. b) A tipologia entre o Semiótico e o Simbólico, como proposta por Julia Kristeva, pode sim ser aplicável a linguagens, códigos e sistemas de signos não humanos, mas com algumas considerações. O Semiótico, associado às pulsões e ao pré-verbal, e o Simbólico, ligado à estrutura e à ordem, oferecem uma ferramenta útil para descrever não apenas as linguagens humanas, mas também outras formas de comunicação que operam de maneira diferente. No entanto, ao aplicar essa tipologia a sistemas não humanos, deve-se reconhecer que tais sistemas podem não seguir as mesmas regras de sentido e estrutura que são observadas na comunicação verbal humana. Por outro lado, teorias informacionais modernas oferecem espaço para considerar elementos como o poético, o sem sentido ou o jogo, mesmo fora do contexto humano. Estudos em áreas como Genética, Astrofísica e Geologia demonstram que a noção de sentido, signo e significado pode ser problematizada. Por exemplo, a redundância em códigos genéticos ou fenômenos aparentemente sem sentido em sistemas físicos podem ser cruciais para a compreensão do funcionamento desses sistemas. Assim, essas teorias reconhecem que o fenômeno do poético e do jogo pode ter um papel significativo em sistemas não humanos, desafiando as concepções tradicionais de informação e sentido. Portanto, embora a tipologia entre o Semiótico e o Simbólico seja útil, ela deve ser adaptada e expandida para abranger a diversidade e a complexidade dos sistemas de comunicação que transcendem o humano.

5. a) Julia Kristeva aborda a Semiótica como uma ciência que transcende a Linguística e a Lógica ao focar nas leis do significado em diversas práticas significantes, desde a linguagem cotidiana até os discursos científicos e artísticos. Ela propõe que a Semiótica deve constantemente renovar seus modelos teóricos e metodológicos, incorporando descobertas de outras áreas do conhecimento, como Psicanálise e Teoria Literária. Ao se distanciar das epistemologias tradicionais, a Semiótica emerge como uma disciplina antitotalizante, diferenciadora e transformadora, dedicada a compreender as leis e os tipos de significância que operam além das estruturas discursivas convencionais. b) A Semanálise, conforme discutida por Kristeva, explora as dinâmicas da significância, abordando tanto os aspectos semióticos (relacionados ao fluxo pré-verbal

e às pulsões) quanto os simbólicos (relacionados à estruturação linguística e à cultura). Nos excertos, Kristeva descreve a Semiótica como uma ciência que se propõe a investigar e renovar constantemente seus modelos ao estudar as práticas significantes. Isso se relaciona diretamente com a Semanálise, que busca entender como esses processos se manifestam e se transformam. A oposição entre Semiótico e Simbólico também se reflete na maneira como Kristeva propõe que a Semiótica aborde as leis da significância, levando em conta tanto as estruturas simbólicas quanto os processos semióticos. A discussão de Significância nos excertos, portanto, alinha-se com a Semanálise ao propor uma ciência dinâmica e reflexiva que se reinventa à medida que novas teorias e descobertas emergem.

RESPOSTAS

ROLAND BARTHES

1. c)

2. a) Verdadeiro. b) Falso. Em *A voz de Barthes*, Kristeva não sugere que os textos semiológicos de Barthes reforçam a substancialização da idealidade significante. Pelo contrário, ela destaca que Barthes promove uma dessubstantificação da idealidade significante, ou seja, ele questiona e desestabiliza a fixação de significados. c) Verdadeiro. d) Falso. Kristeva utiliza o termo "semioclasia" para se referir a uma abordagem crítica à Semiologia que, de fato, visa à desaparição do signo, ou seja, a destruição da substância significante, e não o contrário. e) Verdadeiro. f) Verdadeiro. g) Verdadeiro. h) Verdadeiro.

3. (I)-b, (II)-a, (III)-d, (IV)-c.

4. A afirmação de Barthes, "Onde começa a escritura? / Onde começa a pintura?", reflete uma questão central no contexto da pintura *haiga* apresentada em *O Império dos Signos*. *Haiga* é uma forma de arte japonesa que combina pintura e caligrafia, geralmente associada ao haicai, um poema breve em três versos. Essa forma de arte é caracterizada por uma integração íntima entre imagem e texto, onde os limites entre a pintura e a escrita se tornam fluidos e interdependentes. Na obra de Yokoi Yayû, *A colheita de cogumelos*, essa fusão se manifesta na representação visual dos cogumelos e na presença do haicai que os acompanha. O uso de uma técnica simples, como a tinta sobre papel, e a inclusão de elementos cotidianos, como uma farpa de palha, enfatizam a conexão direta entre o mundo natural e sua representação artística. A frase

de Barthes levanta uma reflexão sobre a natureza desses limites. Em *haiga*, a pintura não é apenas uma ilustração do texto, assim como o texto não é uma simples legenda para a imagem. Ambos coexistem em uma relação intertextual, em que a caligrafia pode ser vista como um componente visual, enquanto a imagem pode ser lida como uma extensão do significado textual. Essa indistinção entre escritura e pintura remete à Semiótica de Barthes atenta para processos de indiferenciação e colapso da inteligibilidade unívoca e positiva dos signos. No caso, a mesma faculdade do olhar confunde ler e ver em um regime instável de significação.

5. a) Um *koan* é um gênero textual budista, especialmente do Zen, que consiste em uma narrativa breve, diálogo ou questão paradoxal utilizada para desconstruir o pensamento lógico e levar o discípulo à iluminação. Esses enigmas não têm uma resposta lógica ou racional e são utilizados pelos mestres Zen para desafiar a própria significação nos discípulos, levando-os a uma experiência negativa do sistema de signos. b) O trecho de Barthes citado destaca a função desestabilizadora do *koan* na prática Zen, enfatizando que ele visa desestabilizar a lógica convencional e provocar uma ruptura semiótica do discípulo, levando-o a um estado de "flash vazio" ou *satori*. O *koan* apresentado no enunciado ilustra esse propósito, pois o monge Zen desafiou a percepção tradicional do sacerdote budista, questionando a noção de sacralidade vinculada à estátua de Buda. A resposta do monge – que Buda está presente em todos os lugares – transcende a lógica fundamentalista e força o sacerdote a confrontar a própria limitação do pensamento religioso e a pertinência convencional.

RESPOSTAS

JACQUES DERRIDA

1. c)

2. a) Verdadeiro. b) Verdadeiro. c) Verdadeiro. d) Falso. Olgária Matos indica que a comunidade judaica da Argélia não manteve fortes laços com a tradição judaica e com as línguas locais, como o árabe e o kabile. e) Verdadeiro. f) Falso. Derrida desenvolveu suas reflexões considerando a Virada Semiológica e o *Linguistic Turn*, além do Estruturalismo e da Linguística de Saussure. g) Verdadeiro. h) Falso. Derrida considera a transmissão de uma língua como um processo complexo, que não é exclusivamente natural, mas também envolve aspectos culturais e artificiais.

3. (I)-b, (II)-a, (III)-c, (IV)-d

4. a) Tanto *Glas* quanto "Tímpano" apresentam paginações graficamente trabalhadas. Em *Glas*, Derrida utiliza colunas paralelas, rompendo com a linearidade e criando uma leitura bilinear. Isso afeta a convenção visual e a legibilidade, obrigando o leitor a navegar entre diferentes blocos de texto. Em "Tímpano", a disposição gráfica repete a mesma estratégia, constituindo junto de *Glas* dois casos de experimentação com escritura concreta em Filosofia. b) Em *Glas*, Derrida utiliza onomatopeias como "blens" para gerar impressões acústicas, desestabilizando o significado e tornando a escrita menos transparente, logo significante-orientada. Já em "Tímpano", não é apenas a metáfora dos tímpanos que sugere sonoridade, mas o uso de assonâncias, aliterações e rimas internas. Esses

recursos sonoros criam uma prosa rítmica que interfere na clareza e fluidez do texto, exigindo uma leitura não convencional.

5. A Semiótica Pós-Estruturalista, particularmente em obras de Jacques Derrida, entretém uma relação singular com a prosa, o estilo e a forma do científico. Derrida desconstrói as formas tradicionais da escrita científica, que priorizam clareza, objetividade e precisão, ao adotar uma prosa mais literária e ambígua, refletindo a visão de que a linguagem é um campo onde significados múltiplos coexistem. Sua escrita mistura elementos poéticos com filosofia, desafiando convenções e enfatizando a natureza performativa do texto. A forma científica tradicional, com estrutura lógica linear, é substituída por uma abordagem fragmentada e rizomática, refletindo a visão do conhecimento como algo em constante transformação. Derrida questiona a objetividade científica, destacando a construção social e linguística do conhecimento, onde qualquer tentativa de fixar significado é provisória devido à natureza instável da linguagem. A citação de Derrida (1984, p. 117) exemplifica essa abordagem, sugerindo uma nova ciência que desafia expectativas tradicionais, engajando-se em um jogo de significados e interpretações que redefine o conceito de ciência e expande as possibilidades de articulação e compreensão do conhecimento.

Notas

[1] A este respeito, listemos dois exemplos notáveis fora da Europa, nas Américas. Nos Estados Unidos, em seus livros *Da Desconstrução: Teoria e Crítica após o Estruturalismo* e *A busca dos signos: Semiótica, Literatura, Desconstrução*, Jonathan Culler (1982, 2005) discutiu as ideias de Derrida sobre indeterminação e retextualidade no campo da Teoria Literária. No Brasil, em especial em nosso Departamento de Comunicação e Semiótica, Haroldo de Campos (2004) retrabalhou Barthes e Derrida ao uso da poesia concretista e tradução, notadamente pelo conceito de transcriação (Tápia; Nóbrega, 2013), avançando a penetrância da Semiótica Francesa Pós-Estruturalista na cena intelectual paulista.

[2] Nesse sentido, Thomas Sebeok foi um nome internacional relacionado à divulgação de semióticas naturalistas, como a Cibersemiótica e Biossemiótica. Em campos mais especializados da tecnologia, temos a Engenharia Semiótica e os Estudos de Sinais. O que unifica tais correntes de análise é a generalidade dos signos, superando o enfoque linguístico da Semiologia saussuriana. Em nossa bibliografia, é Julia Kristeva quem mais se aproximou desses desenvolvimentos, por ter tratado de Informática e signos não verbais, como Dança e línguas de sinais; Roland Barthes e Jacques Derrida acompanham melhor as semióticas textuais, devido a seus interesses em Escritura e Literatura.

[3] O problema terminológico entre Semiologia e Semiótica origina-se da definição proposta por Ferdinand de Saussure, que usava o termo "Semiologia" para descrever o estudo dos signos como parte da vida social. Posteriormente, o termo

"Semiótica", reintroduzido via Charles Sanders Peirce, ganhou prevalência e foi adotado de forma mais ampla na comunidade acadêmica para englobar o estudo geral dos signos e da significação, abrangendo não apenas os signos linguísticos, mas todos os sistemas de significação e sinalização. Embora a sobreposição e a evolução desses termos reflitam diferentes tradições teóricas e enfoques metodológicos dentro do campo, aqui preferiremos, no lugar de Semiologia, Semiótica Francesa Pós-Estruturalista. Para mais informações a esse respeito, ver *História concisa da Semiótica*, por Anne Hénault (2006).

[4] Analogamente à problemática da oposição entre Semiologia e Semiótica, usar uma terminologia que diferencia Estruturalismo e Pós-Estruturalismo também não é trivial. Em conceitos como estruturas de parentesco e semântica estrutural, a palavra-raiz do Estruturalismo já vinha sendo empregada por Claude Lévi-Strauss e Algirdas Greimas a fim de nomear a análise e descrição de sistemas de linguagem e cultura. Em *Usos e sentidos do termo "estrutura"*, organizados por Roger Bastide (1971), temos uma importante apreciação sobre os empregos da palavra-raiz de Estruturalismo, os quais obviamente simplificamos aqui por razões de escopo e tema. Já o termo para o Pós-Estruturalismo teria surgido posteriormente como o nome para uma crítica e extensão do Estruturalismo, de modo a problematizar a ideia de estruturas abstratas passíveis de descrição, desafiando a sistematicidade dos objetos e dos métodos de análise. Sem dizer nada de um Pós-Estruturalismo, em seu ensaio *Em que se pode reconhecer o Estruturalismo?*, Gilles Deleuze (1982) discute o projeto estruturalista de orientação francesa, dele não tomando partido, mas distância. De maneira mais radical, em *A estrutura, o signo e o jogo no discurso das Ciências Humanas*, Jacques Derrida (1971) trata da estruturalidade da Estrutura, interrogando a difícil dobra que é interpretar as interpretações. Ambos os gestos bem poderiam ser tipificados como pós-estruturalistas, senão pós-modernos. Desconhecemos, porém, quem teria dado início a tal classificação: já a encontramos em variados escritos de Jean-François Lyotard, Fredric Jameson ou John Sturrock; destacamos o artigo "Post-Structuralism: The End of Theory" ("Pós-Estruturalismo: o Fim da Teoria") de Robert Young (1982) em meio à bibliografia do tema. Por outro lado, os próprios semioticistas de que trataremos, cada qual a seu modo, questionaram a validade do projeto estruturalista e de seus próprios escritos como pós-estruturalistas. De qualquer forma, embora haja debates sobre a precisão e validade desses termos, usamos essas categorias de forma puramente operacional e provisória para distinguir entre diferentes enfoques teóricos, sem nos aprofundarmos na discussão terminológica.

[5] "Em nome de Saussure, os linguistas se dividem, porque o próprio Saussure carrega em si essa divisão, que transparece na dicotomia fácil que opõe o Saussure do *Cours de Linguistique Générale* (tanto mais claro e frio quanto for comentado segundo a leitura dos editores), ao dos *Anagrammes* (em que vaga a obscura loucura da decodificação, das associações escondidas nos versos saturninos)" (Gadet; Pêcheux, 2004, p. 55).

[6] A Legião de Honra é uma das mais altas condecorações da França, concedida em reconhecimento a contribuições notáveis em várias áreas. Podem-se consultar

NOTAS

imagens e textos da cerimônia no site oficial de Julia Kristeva, no YouTube da autora ou em notícias sobre a ocasião, disponíveis na internet.

[7] "Barthes, mesmo no seu momento 'semiológico' mais agudo, jamais renunciou ao apelo da face sublevada dos signos, ao fascínio da obra de invenção" (Campos, 2004, p. 125). Assim, Barthes obra uma ciência-arte, criando "[...] um estado de incerteza entre Arte e Pesquisa, escrevendo 'como se' estivesse tentando produzir Literatura. [...] De tal conjunção surge uma fantasia conceitual ou uma forma de pensar fantasmagórica implicada em Teoria-Ficção" (Busch, 2019, p. 186). Disso resultava ser "[...] muito difícil classificar os textos de Barthes nessas amplas categorias de discurso que nos são familiares e que são aceitas como naturais em nossa sociedade; isso, por si só, frequentemente servia como ponto de partida para ataques contra Barthes lançados por aqueles que confundem cultura com natureza e natureza com lei penal: ele não é realmente um acadêmico, diziam, nem de todo um filósofo, e muito menos um romancista. [...] Ele já estava escrevendo ficção, mas uma ficção que dizia respeito ao próprio ato de sua enunciação. Em vez de ser o autêntico romancista de uma história fictícia, Barthes era o fabricante inautêntico de histórias verdadeiras (ou discursos)" (Todorov, 1981, p. 450).

[8] Mais até do que Barthes, já bastante detratado por sua carreira acadêmica singular, Derrida dividia opiniões a tal ponto de ter sido orquestrada a impugnação de seu doutorado *honoris causa*. "Em 1992, parte da Universidade de Cambridge, na Inglaterra, se indignou contra a quase sempre diplomática e ritual concessão de um título de doutor 'honoris causa' ao filósofo. Motivo: Derrida seria um irracionalista, alguém que relativiza e deprecia a herança cultural ocidental e que fornece munição a coisas como o politicamente correto" (Freire, 1995). Kristeva, ao contrário de Derrida, foi laureada com diversos *honoris causa*, gozando de uma reputação prestigiosa e oficial, haja vista a condecoração da Legião de Honra.

[9] Nesse sentido, é exemplar a responsabilidade de Roland Barthes por formas intelectuais, o que constituía uma "[...] estética do trabalho (valor excluído pela ciência)" (Barthes, 2003, p. 23). Para Barthes, os gêneros de Teoria são artefatos, os quais, ao não trabalharem a substância, já que ainda verdade-orientados, reoperam a forma da expressão, estilizando os conceitos segundo um Design de Signos: "[...] há aqui um 'desígnio' [*dessein*] que tento manter, e um 'desenho' [*dessin*] que tento preencher" (Barthes, 2005, p. 19). Assim, "[...] *designer* da linguagem é aquele capaz de perceber e/ou criar novas relações e estruturas de signos (estrutura: malha de relações entre elementos ou entre processos elementares – W. Wieser) [...]" (Pignatari, 1981, p. 15), de modo que ele "[...] abandonaria a rigidez – por vezes cadavérica, sem dúvida – dos métodos formais e se proporia como instrumento de construção, multiplicação, fruição dos signos: Semiofania, como em Barthes e Joyce" (Netto, 1983, p. 115).

[10] Embora Julia Kristeva tenha sido pioneira nos estudos de intertextualidade a partir de suas leituras de Bakhtin na França, este livro não abordará diretamente sua teoria da intertextualidade. No Brasil, já existe ampla fortuna crítica, teórica e aplicada sobre intertextualidade, consolidada nos trabalhos de estudiosos como

Beth Brait, Roxane Rojo e Norman Fairclough, entre outros. Por isso, optamos por nos concentrar nos conceitos mais estritamente semiológicos de Kristeva. No entanto, um leitor atento perceberá que a ausência explícita da intertextualidade em nossas discussões está, de fato, subentendida na Semanálise e na Significância de Kristeva, que compreendem fenômenos de multissemiose, hipermídias e, naturalmente, intertextualidade.

[11] Tratemos de três críticas contra Julia Kristeva. A primeira delas, de orientação peirciana, notadamente da parte de Sebeok e Deeley, já mencionamos no primeiro capítulo. Sua crítica a pós-estruturalistas como Kristeva foca no julgamento de que estes últimos são excessivamente linguísticos, textuais e psicanalíticos, negligenciando a empiria e generalidade naturalista de sistemas sígnicos não humanos. Uma segunda, do campo da Teoria e História Literárias, encontra-se em *Lírica e lugar-comum: alguns temas de Horácio e sua presença em português*, por Francisco Achcar (1992). Critica-se aí a Semiologia Literária de Kristeva e de outros por seu foco excessivo em aspectos estruturais dos textos, ignorando o contexto histórico, social e cultural da produção literária. A terceira, da Teoria Feminista, está em *Problemas de gênero*, de Judith Butler (2018). Butler argumenta que a noção de Kristeva sobre o Semiótico como um espaço de resistência ao Simbólico não consegue subverter completamente a estrutura falo-logo-cêntrica, de tal sorte que Kristeva, sem o ferramental performático e foucaultiano aos sistemas de gênero-sexo-sexualidade, teorizaria apoliticamente o feminino.

[12] No *Dicionário enciclopédico das Ciências da Linguagem*, Oswald Ducrot e Tzvetan Todorov (1998) comentam o conceito de Significância e Semanálise de Kristeva, naturalmente de forma mais extensa do que fazemos aqui. Nesse dicionário, descreve-se Significância como um processo dinâmico de criação de significado, não apenas o significado estático de um texto. A linguagem é vista como um local de produção, na qual os significados são constantemente gerados e transformados, desafiando a ideia de linguagem como uma ferramenta neutra e a de sentido como presença fixa. Revelando a criatividade terminológica típica da Semiótica Francesa Pós-Estruturalista, Ducrot e Todorov anotam os conceitos de fenotexto e genotexto, sendo o primeiro o nível superficial do texto, onde o significado é estável, e o segundo, os processos subjacentes que geram e transformam esses significados. Nesse contexto, a Significância opera além do signo-padrão, não se limitando à relação entre significante e significado, mas envolvendo a interação de elementos linguísticos tanto no quadro social e histórico quanto nas dimensões formais, genéricas e supra-linguísticas. Assim, o método de Semanálise objetiva compreender como esses significados são produzidos e transformados segundo suas dinâmicas de significância. Para quem deseja se aprofundar no conceito de Significância, Semanálise e outros, temos aí outra fonte importante para consulta.

[13] De 1990, o romance *Os samurais* de Julia Kristeva (1996a) pode ser visto como uma metáfora para o grupo *Tel Quel*, pela forma como se apresenta o cenário intelectual e cultural da França nos anos 1960. No livro, a jovem Olga, que chega a Paris para estudar, é absorvida pelas lutas de maio de 1968, passando a integrar um grupo

NOTAS

de sonhadores, samurais de uma sociedade sem sagrado. Emulando *Os mandarins* de Simone de Beauvoir (2003), que alegoriza o círculo de Jean-Paul Sartre, em *Os samurais* os personagens Olga, Hervé, Martin, Carole e Joële, correspondentes a figuras reais como Sollers, Barthes e Kristeva, são apresentados de forma a fantasiar a história do grupo *Tel Quel*.

[14] Em artigo intitulado "Roland Barthes et le Japon" ("Roland Barthes e o Japão"), a respeito da forma e do conteúdo de *O Império dos* Signos, Clémence Leleu destaca "[...] o antiocidentalismo do autor, que luta para desviar o olhar sempre ocidentalizado dos estrangeiros assim que entram em terras orientais. 'Seria necessário um dia fazer a história da nossa própria obscuridade, manifestar a compactação do nosso narcisismo, listar ao longo dos séculos os poucos apelos de diferença que por vezes conseguimos ouvir, as recuperações ideológicas que inevitavelmente seguiram e que consistem em sempre adaptar nossa ignorância da Ásia através de linguagens conhecidas.' Uma escolha que pode revelar talvez um toque de orientalismo, alguns vendo em *O Império dos Signos* uma coleção de imagens, o que pode explicar a recepção morna reservada ao livro no Japão. 'Não viso amorosamente uma essência oriental, o Oriente me é indiferente, ele me rende só um repositório de características cujas montagens, o jogo inventado, me permitem 'passar a mão' na ideia de um sistema simbólico inédito, completamente desvinculado do nosso', defendia-se o autor. Portanto, *O Império dos Signos* não é exclusivamente um livro sobre o Japão, muito menos um guia de viagem, mas sim, como destacava Maurice Pinguet, um 'livro de imagens e desejo, mas também um livro de pensamentos, um livro de um pensamento na linha de toda a pesquisa de Barthes: o que significa falar? O que significa significar?'" (Leleu, 2020).

[15] Além de Barthes e Kristeva, listemos outros interlocutores notáveis de Derrida. Hélène Cixous, uma das principais colaboradoras e amigas de Jacques Derrida, é figura fundamental nesse cenário. Escritora e filósofa, seu trabalho explora temas de linguagem, identidade e feminismo, fortemente influenciada por Derrida, consolidando-se como uma voz importante na Teoria Literária e Crítica contemporâneas. Internacionalmente, Avital Ronell e Alexander García-Düttmann também foram influenciados por Derrida, cada qual explorando e expandindo suas ideias em direções particulares dentro do campo da Filosofia e além. No contexto nacional, podemos mencionar Olgária Matos, que, embora não seja uma comentarista ou tradutora estritamente derridiana, é inspirada pelas técnicas desconstrutivas, contribuindo para o avanço do pensamento de Derrida no Brasil. Dos recentemente falecidos, destaca-se enfim um filho de Derrida, Pierre Alferi, que, embora conhecido principalmente como poeta e escritor, traz uma perspectiva interessante para quem deseja compreender mais sobre o legado intelectual e pessoal de Derrida.

Os autores

Leda Tenório da Motta é professora-pesquisadora de Comunicação e Semiótica da Pontifícia Universidade Católica de São Paulo (PUC-SP). Renomada tradutora e crítica literária, especialista em Letras Francesas e membro do Réseau International Roland Barthes.

Marco Calil é bacharel e mestre pela Universidade de São Paulo (USP), doutorando pela PUC-SP. Pesquisador e tradutor em Humanidades, dedica-se à Semiótica Comparada e Filosofia Francesa, com foco em Letras Orientais e François Laruelle.

CADASTRE-SE
EM NOSSO SITE,
FIQUE POR DENTRO DAS NOVIDADES
E APROVEITE OS MELHORES DESCONTOS

LIVROS NAS ÁREAS DE:

História | Língua Portuguesa
Educação | Geografia | Comunicação
Relações Internacionais | Ciências Sociais
Formação de professor | Interesse geral

ou
editoracontexto.com.br/newscontexto

Siga a Contexto
nas Redes Sociais:
@editoracontexto

GRÁFICA PAYM
Tel. [11] 4392-3344
paym@graficapaym.com.br